**Roland Hanewald**
**Insel Helgoland**



*„Grün ist das Land,*
*rot ist die Kant',*
*weiß ist der Sand –*
*das sind die Farben von Helgoland."*
Die Insel beschreibender Spruch der Helgoländer

## Impressum

Roland Hanewald
**Insel Helgoland**

erschienen im
Reise Know-How Verlag Peter Rump GmbH
Osnabrücker Str. 79, 33649 Bielefeld


**3., neu bearbeitete und komplett aktualisierte Auflage 2009**


**Gestaltung**
Umschlag: G. Pawlak, P. Rump (Layout)
Inhalt: G. Pawlak (Layout); M. Luck (Realisierung)
Karten: der Verlag
Fotos: Agentur Bellmann, Gröning & Partner (abg);
Herm. G. Detleffsen (hgd); Kurverwaltung Helgoland (kvh);
Photo-Dienst Höhler (pdh); R. Hanewald (rh)
Titelfoto: Roland Hanewald

**Lektorat:** M. Luck

**Druck und Bindung:** Media Print, Paderborn

**ISBN 978-3-8317-1759-0**

Printed in Germany

Dieses Buch ist erhältlich in jeder Buchhandlung Deutschlands, Österreichs, der Niederlande, Belgiens und der Schweiz. Bitte informieren Sie Ihren Buchhändler über folgende Bezugsadressen:
**Deutschland**
Prolit GmbH, Postfach 9, D-35461 Fernwald (Annerod)
sowie alle Barsortimente
**Schweiz**
AVA-buch 2000, Postfach, CH-8910 Affoltern
**Österreich**
Mohr Morawa Buchvertrieb GmbH, Sulzengasse 2, A-1230 Wien
**Niederlande, Belgien**
Willems Adventure, www.willemsadventure.nl

Wer im Buchhandel trotzdem kein Glück hat,
bekommt unsere Bücher auch über unseren
**Büchershop im Internet: www.reise-know-how.de**

helgo_004 Foto: rh

# Inhalt

600he Foto: rh

## Exkurse zwischendurch



## Kartenverzeichnis

# Vorwort

Helgoland, „der rote Felsen", ist **Deutschlands einzige Hochseeinsel.** Satte 70 Kilometer liegt sie vom niedersächsischen Festland entfernt, 45 Kilometer vom schleswig-holsteinischen, und das bedeutet vor allem eines: **viel frische Luft.** Die frischeste der Bundesrepublik und so gut wie pollen- und staubfrei – sauberer als auf der Zugspitze. Abgasfrei sowieso – auf Helgoland gibt es kaum Autos. Allergiker und Atemweggeschädigte können hier beglückt die Lungen füllen, Naturfreunde finden ihr kleines Paradies.

**Klein** ist es in der Tat. Einen knappen Quadratkilometer misst die Felseninsel als solche, 0,7 Quadratkilometer die von ihr durch eine Rinne getrennte **„Düne"**, ein Eiland aus überwiegend reinem Sand, auf dem sich die gesamte Helgoländer Badeaktivität abspielt. Auch am Strand der Düne machen sich die besagten 70 Kilometer bemerkbar, nämlich in Gestalt **blitzsauberen Wassers** – keine Selbstverständlichkeit in unseren Breiten.

Schon die **Fahrt nach Helgoland** ist ein **kleines Abenteuer.** Zum einen geht es ja ein ganzes Stück über die offene See. Zum anderen legen die Seebäderschiffe keineswegs auf der Insel an, sondern gehen auf der Außenreede vor Anker, und die Passagiere werden ausgebootet. (Allerdings nur in der Saison, außerhalb davon laufen die Dampfer den Hafen an.) Das ist absolut ungefährlich, zumal kräftige Helgoländer dabei Hand anlegen. Aber ein kleiner Kitzel ist schon dabei, und allein dieser macht manchem Inselfahrer die Reise bereits lieb und wert.

Insulare Einsamkeit wird man auf Helgoland im Verein mit den vielen Gleichgesinnten nicht finden, die alljährlich über halbmillionenfach einen Fuß auf den Felsen setzen. Dennoch werden Inselfans die kantigen Gestade gegen die lieblichsten Tropenstrände zu verteidigen wissen. Denn Helgoland hat ein **besonderes Flair,** das den anderen Nordseeinseln abgeht und das viele Barden schon besangen, nicht zuletzt *Heinrich Hoffmann von Fallersleben* – der mit dem Deutschlandlied. Vielleicht ist es die nie ganz verloren gegangene Aura der uralten Sakralstätte, die das Eiland in grauer Vorzeit einmal war, und von der dieses Buch unter anderem – zusammen mit zahlreichen geschichtlichen und praktischen Informationen – künden wird.

Für diverse Unterstützungen in Gestalt von Rat und Tat meinen herzlichsten Dank.

*Der Autor*

helgo_010 Foto:rh

helgo_012 Foto: kvh

# Allgemeine Reisetipps

# Anreise

„Fährt unser Zug bis Helgoland durch?" Und: „Wo können wir das Auto auf der Insel parken?" – die zwei am häufigsten gehörten Fragen von Anrufern bei Helgoland Touristik.

### Reedereien: Kontakt

- **AG Ems:** Tel. 01805-180182, www.ag-ems.de.
- **Cassen Eils:** Tel. 04721-35082 bis -84 (Cuxhaven), 04834-938220 (Büsum), www.helgolandreisen.de.
- **DB:** Tel. (Harle/Wangerooge) 04464-949411.
- **Frisia:** Tel. 04931-9870, www.reederei-frisia.de; Cat Tel. 04931-9871180, E-Mail: supercat@reederei-frisia.de.
- **Helgoline (HL):** Tel. 0180-3202025, Web: www.helgoline.de.
- **Inselreederei Spiekeroog (IRS):** Tel. 04976-919333.
- **Reederei H.G. Rahder:** Tel. 04834-3612 oder 1380, www.rahder.de.
- **Speedways Fast Ferries (SFF):** Tel. 040-31789220 oder 0180-3202025, www.speedways.de.
- **Wilhelmshaven-Helgoland-Linie (WHL):** Tel. 01805-228661, Web: www.helgolandlinie.de
- **Wyker Dampfschiffs-Reederei (WDR):** Tel. 01805-080140, www.faehre.de.

### Fluglinien: Kontakt

- **Air Hamburg (AH):** Tel. 040-70708890
- **Frisia Luftverkehr:** Tel. 04931-93320.
- **Luftverkehr Friesland (LVF):** Tel. 04464-94810, www.inselflieger.de.
- **Ostfriesische Lufttransport (OLT):** Bremerhaven Tel. 0471-77188, Bremen (Roland Air) Tel. 0421-555590, Emden Tel. 04921-89920, Helgoland Tel. 04725-411.

### Fähr- und Flugpreise

Da Tarife häufigen Änderungen unterworfen sind, seien die Preise hier nicht auf den Cent genau angegeben. Typischerweise kostet eine Tagesrückfahrt mit dem **Seebäderschiff** von Bremerhaven etwas über 30 Euro, eine Zweimonatskarte zwischen 35 und 40 Euro. Kinder 4 bis 11 J. bezahlen ungefähr zwei Drittel des Erwachsenenpreises, auch für Jugendliche bis 18 J. gibt es einen Nachlass. Für den **Cat** sind von der Küste 42–67 Euro fällig, von Hamburg 52–81 bzw. in der 1. Klasse 77–111 Euro, je nach Saison und Wochentag. Der **„Dampfer"** ab Büsum kostet zwischen 26 und 30

Euro. Der Hund ist auf allen Touren mit 15,50 bis 17 Euro (Rückfahrt) dabei, das Windsurfbrett mit durchschnittlich 18 Euro.

**Fliegen:** Oneway-Tickets kosten zwischen 70 und 80 Euro.

**Bäderschiff oder Cat?**

Über kurz oder lang dürfte sich diese Frage, auf die das Schlusskapitel dieses Buches noch einmal detailliert eingeht, von selbst beantworten, denn die romantische „weiße Flotte" wird bald einmal der Überalterung erliegen. Bis dahin hat man weiterhin die Wahl zwischen den schmucken Dampfern, die in Wahrheit natürlich Motorschiffe sind und je nach Abfahrtshafen und Wetter 3–5 Stun-

## Was alles nach Helgoland fährt und fliegt

Siehe dazu auch die Karte in der vorderen Umschlagklappe!

| S | F | von/nach | Reederei | Fluglinie |
|---|---|---|---|---|
| x | | 1 Hörnum/Sylt[1] | WDR | |
| x | | 2 Wittdün (Amrum)[1] | WDR | |
| x | | 3 Wyk auf Föhr[1] | WDR | |
| x | x | 4 Büsum | Eils/FRS/Rahder | OLT |
| x | | 5 Hamburg | HL/SFF | AH |
| x | | 6 Wedel | HL | |
| x | | 7 Cuxhaven | Eils/WHL/SFF | OLT |
| x | x | 8 Bremerhaven | HL | OLT |
| x | | 9 Wilhelmshaven | WHL | |
| | x | 10 Harle[2] | | LVF |
| x | | 11 Hooksiel[1] | Frisia | |
| x | x | 12 Wangerooge[1,2] | DB | LVF |
| x | | 13 Spiekeroog[1] | IRS | |
| x | | 14 Langeoog[1] | Frisia | |
| x | x | 15 Norderney[1,2] | Frisia | Frisia |
| | x | 16 Juist | | Frisia |
| x | x | 17 Borkum[1,2] | AG Ems | Frisia |
| x | | 18 Eemshaven (NL)[1] | AG Ems | |
| | x | 19 Emden | WHL | OLT |

*S = Schiff; F = Flugzeug*
*[1] Sonderfahrten; [2] Bedarfsflugverkehr*

den für die Route benötigen, und den flinken **Cats** (Katamaranen, Doppelrumpfbooten), die auf bis über 70 Sachen aufdrehen und die Tour mithin in einer Stunde schaffen können. „Kleine" Schiffe sind die Cats aber keineswegs. Das bislang größte Fahrzeug dieser Art, die „Halunder Jet" der FRS, wuppt 580 Personen! Wetterabhängig – zugelassen bis zu 4 Meter Wellenhöhe – sind sie natürlich trotzdem, und schaukeln tun sie ebenfalls. Außerdem hängt ihnen ein weiterer kleiner Haken an: Wegen ihrer großen Beliebtheit sind sie stark im Voraus gebucht. Rechtzeitige Reservierungen sind also zu empfehlen.

Wer eine Seereise auf herkömmliche Art erleben möchte, ist auf den **Seebäderschiffen** am besten aufgehoben, zumal die Fahrgäste dann,

helgo_016 Foto: rh

## Der Fall „Polarstern"

Der Katamaran „Polarstern" war am 4.8.2008 mit 359 Passagieren von Helgoland mit Kurs Emden ausgelaufen; auf Norderney und Borkum sollte je ein Stopp eingelegt werden. Der Wetterbericht hatte der Schiffsführung für die Überfahrt gerade noch akzeptable Seeverhältnisse vorhergesagt; mit einer angekündigten Wellenhöhe von 2,50 m hätte die „Polarstern" gut fertig werden können. Vor Langeoog briste es jedoch auf. Die See nahm nach späteren Rekonstruktionen Höhen von durchschnittlich 2,69 m an, mit Brechern bis zu vier Metern. Und dann geschah es ... Die Bugreling der „Polarstern" wurde losgerissen und krachte in das vordere Panoramafenster, durchschlug es und verletzte 24 Passagiere, acht davon schwer. Der Kapitän ließ Norderney sausen und fuhr direkt nach Borkum, um die Verletzten dort anzulanden.

Wen traf die Schuld? Im Anschluss wurde um Wellenmillimeter gefeilscht, um Windstärken, den Verrostungsgrad der Reling und um den Geisteszustand des Kapitäns. Aber vielleicht sollte die Nordsee überhaupt nicht mit Panoramafenstern befahren werden.

wie bereits erwähnt, von Helgoland-Reede per Boot auf die Insel transportiert werden, was eine interessante Abwechslung schafft. (Der Preis fürs Ausbooten ist übrigens in der Passage enthalten; man muss auch kein Trinkgeld hinklingeln lassen.) Die Cats gehen dagegen im Außenhafen direkt längsseits. Was einen unbestreitbaren Vorteil hat: Ihre Passagiere können naturgemäß einen weit längeren Landgang genießen.

**Sonstiges**

Auf allen Schiffstypen ersuchen die Reedereien ihre Passagiere, **vom Füttern der Möwen abzusehen,** die stets die Schiffe umflattern. Denn zum einen sind Käsebrötchen und „Pommes" nicht die ideale Kost für wildes Federvieh, das sich sonst hauptsächlich vom Fischfang ernährt. Und zum anderen geben die dick gefressenen Vögel auch massiv wieder etwas von sich, das mitunter zu Volltreffern führt und die solcherart Bedachten ziemlich dumm dastehen lässt ... Weil manche der, pardon, beschissenen und dem Spott der Umstehenden preisgegebenen Fahrgäste sich daraufhin soweit verstiegen, den Reedereien für ihr Ungemach die Schuld zu geben und sogar Klage wg. verschmutzter Kleidung zu führen, wird diese Warnung prophylaktisch erteilt.

Wer die Überfahrt an Deck verbringt, sollte auch daran denken, dass der **Nordseewind** alles Unbefestigte im Nu auf Nimmerwiedersehen entführen kann. Es ist also eine ganz gute Idee, bewegliche Objekte nach Seemannsart ein wenig zu „laschen" oder zumindest zu beschweren.

**Tagestour oder mehr?**

Bei etwa 90 Prozent der rund 560.000 jährlichen Inselbesucher handelt es sich um Tagesgäste, die abends wieder zu Hause sind. Ihnen verbleiben in der Norm nur dreieinhalb Stunden an Land, Cat-Passagieren fünf bis sechs. In dieser Zeit lässt sich das Standard-Programm (einmal rund ums Oberland, Verzehr eines Fischbrötchens und eines Eiergrogs, ein wenig zollfreies Shopping) gerade mal absolvieren. Eine Fahrt zur Düne ist für die meisten Tagesgäste gar nicht drin, schon weil sie fürchten, sie könnten das Anschlussboot verpassen. Wer Helgoland halbwegs gründlich kennen lernen, auf ein Bad in der Nordsee nicht verzichten, auch mal mit einem richtigen Halunder ein paar Worte wechseln möchte, sollte schon ein paar Tage mehr ansetzen. Mit einer Woche ist man bereits gut bedient. Wahre Helgoland-Freaks halten's eine ganze Saison lang dort aus.

# Anlandung auf der Lästerallee

„Wer nun etwa geglaubt hat, er werde beim Betreten der Insel einen einsamen Seestrand höchstens von einigen Lootsen und Fischern belebt finden, der wird bald merken, daß er von einem grausamen Irrthum befangen war, denn erstens tönt ihm schon die unvermeidliche ‚Bademusik' entgegen, und dann wird er bald in der am Strand harrenden Menschenmenge keineswegs Fischer, sondern lauter Badegäste erkennen.

Wehe nun dem Unglücklichen, der, noch mit der Seekrankheit behaftet, das Boot verläßt und wankenden Schrittes durch die Gasse geht, welche zwei Taue und die eng an einander gedrängten Badegäste bilden, oder der, noch selbst matt und elend, eine leidende Gattin mit schiefgedrücktem Hut durch diese hohle Gasse führen muß. Freundliche Grüße und Erkundigungen nach seinem Befinden werden ihm von allen Seiten zu Theil. Kritiken seines ersten Auftretens auf der Insel werden unverhohlen über ihn ausgesprochen. ‚Ei guten Tag, Herr Müller', grüßt Einer von der Seite, ‚sind Sie auch da, Herr Schulze', ein Anderer von jener Seite, und man nennt diesen Leidensweg nicht zu Unrecht die Lästerallee."

*Aus: „Von Hamburg nach Helgoland", 1856*

helgo_019 Foto: pdh

## Mit dem eigenen Boot

Helgoland dürfte der **populärste Sportboothafen der Deutschen Bucht** sein. Dennoch besitzt er offiziell einen solchen Status überhaupt nicht, sondern übt die **Funktion eines Bundesschutzhafens** aus.

Mindestens zehntausend Yachten laufen jährlich die Insel an. Sie alle unterzubringen ist ein Riesenproblem. Im Südhafen ist Platz für 320 Gastboote in eng gedrängten Päckchen, im Vorhafen (nur bei gutem Wetter) für 100. Weitere drei Hafenbecken sind für Segler kaum von Bedeutung. Der Dünenhafen ist für Sportboote gesperrt, der Binnenhafen von Fischern und Bundesfahrzeugen belegt, der Nordosthafen eine Domäne der Einheimischen, aus der ein fremder Segler schnell verscheucht wird (wenn er nett ist, macht man aber schon mal eine Ausnahme). Im Südhafen nimmt der Platzmangel im Sommer oft drangvolle Dimensionen an, zumal die Westkaje für die Berufsschifffahrt reserviert ist. Häufig genug zeigen dann zwei senkrechte rote Lichter an der Einfahrt, dass das Loch voll ist. Wenn es draußen stramm weht, darf allerdings niemandem die Aufnahme verwehrt werden, denn Helgolands Rolle als Schutzhafen kommt dann ja erst richtig zum Tragen. Dann wird es wahrhaft eng da drinnen, und „klar bei alle Fender" ist angesagt.

Die **Hafenmeisterei** (Tel. 504) befindet sich an der südwestlichen Ecke des Beckens; hier ist auch das Hafengeld (plus Kurtaxe!) abzuliefern. **Liegeplätze** werden bei Funkanmeldung zugewiesen (Helgoland Port Radio, UKW-Kanal 67). Toiletten und Duschen an der Nordkaje; Schiffshändler, Ausrüstung und Proviant am Binnenhafen.

Achtung: Die **Naturschutzgebiete** (NSG) rund um Helgoland dürfen ganzjährig nicht befahren werden!

Im Yachthafen ist immer Betrieb

helgo_021 Foto: rh

**Mit dem eigenen Flugzeug**

Privatflieger sind auf der Helgoländer Düne willkommen, sofern sie nicht gerade per 747 einschweben. Schon rein ökonomisch ist eine Tour interessant, denn man kann zoll- und steuerfrei tanken, und die Landeentgelte sind gerade gesenkt worden. Aber, Achtung: Zwischen 13 und 15 Uhr herrscht Mittagsruhe, und bei Dunkelheit (bei Nebel sowieso) ist das Flugfeld dicht!

# Unterkunft buchen

**Gastgeberverzeichnis**

Helgoland bietet **rund 2000 Betten in verschiedenen Kategorien** an, deren Einzelheiten man dem Gastgeberverzeichnis der Insel entnehmen kann. Anhand von dessen Angaben lässt sich bereits Kontakt mit den Vermietern aufnehmen, um ggf. im Vorab Details zu besprechen. Buchen kann man auch über die **Helgoland Touristik** (Tel. 0180-KNIEPER/0180-5643737, Fax 04725-813725, www.helgoland.de, E-Mail: zimmervermittlung@helgoland.de), die auch das genannte Verzeichnis liefert. Dieses Büro ist bei der gesamten Urlaubsplanung für die Insel behilflich, ohne dass Extrakosten entstehen. Es spielt jedoch nur eine Vermittlerrolle zwischen Mieter und Vermieter, die einen individuellen Mietvertrag eingehen. Dieser gilt bereits als geschlossen, sobald die Unterkunft bestellt und zugesagt bzw. kurzfristig bereitgestellt wird. Die darauf folgende Buchung kann mündlich, schriftlich, telefonisch, online oder per E-Mail erfolgen. Die Vertragspartner sind dann zur Erfüllung des Vertrags verpflichtet; ein kostenfreier Rücktritt des Gastes von einer verbindlichen Buchung ist grundsätzlich ausgeschlossen – ein wenig Vorsicht ist dort also angebracht. Zumindest sollte man diesen ganzen Komplex in der Gastgeberliste gründlich studieren, um nicht in Unannehmlichkeiten zu geraten.

**Preise**

Das Helgoländer Unterkunftsangebot unterscheidet sorgfältig zwischen **Herbergen auf dem Unter- und auf dem Oberland,** wobei die ersteren zumeist teurer sind: Man muss nicht klettern, um wieder an die Burg zu kommen. **Billig ist es nirgendwo,** aber nichts ist auch haarsträubend teuer. Nicht ohne wohlwollendes Verständnis muss man die komplizierte Logistik in Betracht ziehen, mittels derer jeder Ziegelstein heran- und jeder Brocken Müll zurücktransportiert werden muss, und auch, dass die Insel ihren eigenen Strom und ihre eigene Fernwärme erzeugt und über eine Entsalzungsanlage sogar das eigene Trinkwasser – das kostet!

Dass man auf Helgoland in Anbetracht dieser nicht unerheblichen Eigenkosten versucht hatte, die Unterkunftstarife mittels einiger Tricks zu frisieren, darf nicht Wunder nehmen. Wie auf anderen Nordseeinseln auch wurde mit viel Raffinesse der Richterspruch des Jahres 1992 umgangen, der dem Beherbergungsgewerbe das Spielen mit gezinkten Karten ein für allemal verbot. Die Preise in den Listen mussten von damals an klipp und klar und ohne versteckte Pöstchen aussagen, was Sache war; bei Hotels geht das ja auch. Mittels großzügiger Auslegung wurde die Praxis, dem Gast diverses Kleingedrucktes unterzujubeln, jedoch weiter beibehalten und wird es zum Teil heute noch. Auf Helgoland sind aber immerhin die unseligen Endreinigungskosten endgültig (?) abgeschafft worden, die in der Vergangenheit schon zu viel Ärger geführt hatten. Ein großer Teil der Vermieter von Apartments hat allerdings einen weiteren ärgerlichen Posten beibehalten, nämlich den des so genannten **Ersttagstarifs.** Mittels dessen wird der erste Tag der Vermietung mit einer fetten Extragebühr von bis zu 50 Euro belegt, wohl von dem Argument ausgehend, man mache ein schlechtes Geschäft, wenn der Mieter gleich nach einem Tag wieder auszöge. Das macht er natürlich so gut wie nie, aber der Posten bleibt bestehen und fängt dieserart die per lex verloren gegangene Endreinigungsgebühr auf. Da jedoch keineswegs alle Helgoländer Vermieter diesen Unfug mitmachen, kann man sich im Gastgeberverzeichnis gemütlich den richtigen aussuchen, der darauf verzichtet. Man achte nur sorgfältig auf die entsprechende Spalte. Früher oder später dürfte der haarscharf am Rand der Gesetzgebung entlangbalancierende Usus sowieso abgeschafft werden.

Bei anderen Wohneinheiten, wie Pensionen und Privatzimmern, kommt der Posten der Ersttagsbelegung natürlich gar nicht zum Tragen.

Ein Großteil der Unterkünfte spezifiziert „keine Haustiere", viele, immer mehr, sind auch vernünftigerweise ausschließlich Nichtrauchern vorbehalten, denn bei einer vollgeräucherten Bude gäb's nun ja wirklich etwas endzureinigen.

Wer möchte, dass seine Mietausgaben einem echten Helgoländer und nicht etwa einem fernen „Investor" zugute kommen, der achte ein wenig auf den Namen des Eigentümers oder frage bei der Helgoland Touristik nach.

**An- und Abreise** zählen bei der Abrechnung als ein Tag. Bei längerem Verbleib ist es normal, Rechnungen wöchentlich zu begleichen - aber daran wird einen die Wirtin schon erinnern.

**Angaben im Buch**

Die im Kapitel „Insel-Info A–Z", Abschnitt „Unterkunft" aufgeführten **Preiskategorien** gelten **für die Hochsaison** (HS), die von einem Etablissement zum anderen variieren kann, aber generell am 1.5. beginnt und zumeist irgendwann im September oder Oktober endet. Die genauen Daten sind in der Gastgeberliste verzeichnet; notfalls aber noch mal nachfragen. Die Preise gelten jeweils **für eine Person,** auch im Doppelzimmer (DZ) in der Kategorie ÜF (Übernachtung mit Frühstück). Für Apartments wird in den Listen der Preis für die jeweilige ganze Einheit aufgeführt, und dort muss man für sein Frühstück natürlich selber sorgen.

Die Reihenfolge der Unterkünfte unterliegt keiner wie immer gearteten Wertung; sie entspricht jener in der amtlichen Gastgeberliste.

## *Kur und Kurtaxe*

**Kurmittelhaus „La Mer"**

Die Kur heißt jetzt **„Reha"** und wird nicht mehr so bereitwillig verordnet wie einst, weil die Kassen weniger prall gefüllt sind. Dies trifft vor allem auf Mütterkuren zu. Das Müttergenesungswerk rät den von einer Ablehnung Betroffenen, sich nicht damit abzufinden, sondern notfalls – mit guten Erfolgsaussichten – zu klagen; Info: „Der Weg zur Kur", www.muettergenesungswerk.de. Offiziell findet die Reha auf Helgoland im Kurmittelhaus „La Mer" (Nord-Ost-Gelände, Tel. 8090) statt, dessen Einrichtungen (mit angeschlossenen Apartments) dem Kurgast alles von der Prävention über die Rehabilitation bis zur Genesung vermitteln. Für Patienten mit Allergien, Erkrankungen der Atemwege und rheumatischen Beschwerden ist dies eine gute Adresse. Doch der alleinige Aufenthalt in der **klaren Inselluft** trägt auch ohne „Anwendungen" bereits viel zum Wohlbefinden des Besuchers bei. Namentlich Menschen, die an einer Pollenallergie, vulgo Heuschnupfen, leiden – und das sollen nach jüngsten Erhebungen bis zu 12 Prozent aller Bundesbürger sein – finden hier Befreiung von ihrem Gebrechen, das nach Ansicht der Fachleute seine Wurzeln in überzogener Hygiene hat und sich womöglich deshalb im Gefolge von Putzwut und Waschzwang immer mehr ausbreitet. Die Helgoländer Luft enthält so gut wie keine Allergene und nur ein paar wenige Gräser- und sonstige Pollen und fast null gefährliche Stickoxide, Abfallprodukt des Kraftverkehrs. Jod und andere marine Spurenelemente in der Atemluft bewirken ein weiteres Hochgefühl, und wenn die Theorie stimmt, dass negative Ionen selbigem

helgo_026 Foto: rh

noch eins draufsetzen, so hat man fast den Gipfelpunkt der „Wellness", wie es heute so hübsch heißt, erreicht. Die kleinen Dinger sind nämlich vor allem dort vertreten, wo sich Wasser kräftig bewegt, und das ist an den Helgoländer Küsten ja fast immer der Fall. Wegen dieser geballten Gesamtladung darf sich die Insel **„Nordseeheilbad"** nennen.

**Kurtaxe**

Weil alles dies mithin von kurgerechtem Heilwert ist und umfangreicher Verwaltung, penibler Instand- und Reinhaltung bedarf, muss man dafür eine Kurtaxe entrichten. Schon 1879 betrug sie auf Helgoland 4 Mark – aber immerhin pro Woche. Diese typisch deutsche Institution ist in der Struktur der Badeorte fest einbetoniert, und ihre Widersacher haben es trotz wiederholter Anläufe nicht geschafft, sie zu Fall zu bringen. Das ist auch auf Helgoland nicht gelungen, obwohl es dort nicht zu knapp Zoff wegen der ungeliebten Zinsabgabe gegeben hatte. Ob die Sache in der EU ewigen Bestand haben wird, muss die Zukunft zeigen. Aber Helgoland hat zumindest mit dem elenden Hickhack aufgeräumt, welches das Kurtaxsystem vieler anderer Badeorte prägt, in denen umständlich nach Saison aufgeschlüsselt wird (jedes Jahr anders), unendlich viele, mitunter sogar lokalgeografische Unterteilungen den Gast irritieren und manchmal sogar noch Kinder zur Kasse gebeten werden. Auf Helgoland heißt es klipp und klar: Erwachsene (ab Vollendung des 18. Lebensjahres), die keine Tagesgäste sind, zahlen **2,75 Euro pro Tag,** wobei jene der An- und Abreise zu einem zusammengezählt werden. Und **im Winter** (1.11. bis 31.3.) **zahlt man** überhaupt **nichts.**

Die Taxe wird vom Vermieter eingezogen. Dafür gibt's die **Kurkarte,** die zu mancherlei Vergünstigungen berechtigt – unter anderem, dass man einen abfallfreien Strand genießen darf.

Kurmittelhaus „La Mer"

helgo_028 Foto: rh

Die Nordsee

# Land und Meer

Wie kommt es eigentlich, dass sich in der zumeist von plattem Land umgebenen Nordsee solch ein monolithisches Stück Urgestein wie Helgoland erhebt? Die Frage hat die Geologen lange beschäftigt, und es hat einige Zeit gedauert, bis sie zu einem Gesamtbild kamen und sie beantworten konnten.

**Weit zurück**

Man muss weit zurückblättern in der Erdgeschichte, um hier einen Anfang zu finden. Immer wieder stößt man auf ein regelloses Auf und Ab. Riesige Landstriche verschwinden von der Erde, andere tauchen auf. Meere entstehen und vergehen. Im frühen Perm etwa, **vor rund 300 Millionen Jahren,** bedeckte das von wunderlichen Kreaturen bevölkerte **Zechsteinmeer** die heutige Nordsee und Norddeutschland. Erstaunliche Ausgrabungsfunde fossilierter Riesentiere in neuester Zeit belegen, was zuvor nur spekulativ erwogen wurde. Doch dieser tropische Vorläufer unseres Hausmeeres war ohne Bestand, denn durch wüstenähnliche Klimabedingungen trocknete das Zechsteinmeer wiederholt aus. Solcherart entstanden die unter den hiesigen Breiten liegenden gewaltigen **Salzlager.** Im Verlauf der nachfolgenden Trias-Phase war das Nordseebecken – oder was damals als solches fungierte – von Gebirgen und Hochländern umgeben, deren Verwitterungsschutt nach und nach in die Tiefe geschwemmt und dort abgelagert wurde. So entstanden mächtige Schichten aus **Buntsandstein** – das „Baumaterial" der roten Felsen Helgolands.

Das Foto „Helgoland bei schwerer See"
ist eines der bekanntesten Helgolandmotive

**Schwere Geburt**

Und das Meer, dann auch wieder die Erde, sie hoben und senkten sich weiter. **Vor 180 Millionen Jahren** waren große Teile der Nordsee terra firma, während im deutschen Süden der Thetis-Ozean schäumte, und Helgoland begann sich jetzt sozusagen zu konsolidieren. Denn das Salz drückte kilometerstark aus der Tiefe empor und hob die gewaltige Buntsandsteinscholle an die Oberfläche – ein Vorgang, der wiederum Millionen von Jahre dauerte. Damals war das Kind Helgoland noch ein Riesenbrocken, etwa 300 Quadratkilometer groß, den die Elemente und später die Eiszeiten ständig behobelten, bis er auf seinen heutigen runden Quadratkilometer zurechtgestutzt war.

Die bewussten **Kaltzeiten,** deren letzte gerade mal 11.000 Jahre, also ein Zeitfünkchen in der Erdgeschichte, zurückliegt, bewirkten durch die Wasserbindung zu Eis ein extremes **Absinken des Meeresspiegels.** Auf dem Höhepunkt der letzten Vergletscherung lag das Niveau über 100 Meter



helgo_031 Foto: kvh

tiefer als heute. Weite Teile der Nordsee waren eine solide, eisbedeckte und relativ flache Landfläche, aus der sich Helgoland wie eine gewaltige Zitadelle erhoben haben muss, bestimmt ein Anblick wie in einem Fantasyfilm.

**Erneuter Anstieg**

Einer neuerlichen Erwärmung des Erdklimas folgte ein Abtauen dieser Eismassen. Der Vorgang vollzog sich nicht stetig, sondern in Schüben, aber **das Meer stieg** und stieg. **Vor etwa 8000 Jahren** erreichte die Nordsee bereits im Groben ihre heutige Küstenlinie, und 3000 Jahre später brach der Englische Kanal durch eine alte Gletscherrinne und stellte so eine südliche Verbindung zum Atlantik her. Zu diesem Zeitpunkt dürfte Helgoland am westlichen Ende einer mit dem Festland verbundenen Geest-Halbinsel gelegen haben, war also noch Teil des Kontinents. Schon ein halbes Jahrtausend später zerbröselte diese Brücke in mehrere Fragmente, und Helgoland gewann endgültig seinen insularen Status. Unter Wasser blieben die Loreley-Bank und der Steingrund zurück, auf dem manche Forscher später **„Atlantis"** ansiedelten. Und da wir uns zu diesem Datum bereits in die Neuzeit bewegen, geht's später im Buch unter „Helgoländer Geschichte" mit dem Werdegang der Insel weiter.

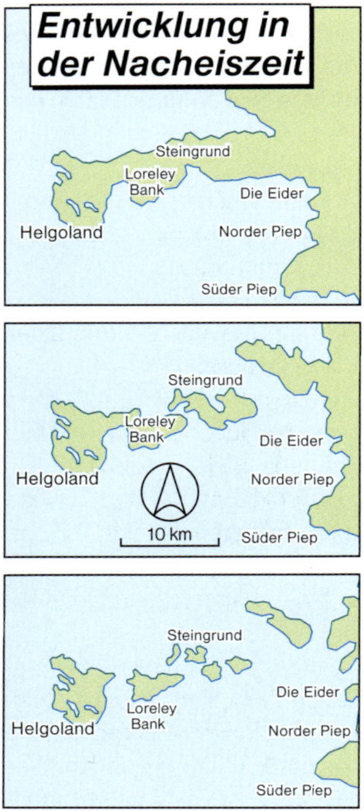

# Ebbe und Flut

**Starke Strömungen**

Wenn man auf der Helgoländer Landungsbrücke steht und in Richtung Düne blickt, dann kann man auf dem Höhepunkt der Gezeiten die Strömung förmlich vorbeiwirbeln sehen. Die Spierentonnen stehen in schrägen Winkeln, und der Dünen-Shuttle muss mächtig gegen den Strom ansteuern, und wenn dann auch noch eine stramme Brise hinter das Wasser fasst, gerät die Sache recht ordentlich in Bewegung. Mal eben über die 1,4 km breite Rinne zu schwimmen, ist wegen dieser **Abtrift** nicht drin, denn man endet irgendwo in der offenen Nordsee und hat dann besser sein Testament in trockenen Tüchern. Außerdem ist es verboten.

Die **Gezeiten, „Tiden“** auf Küstendeutsch, sind auf Helgoland nicht zu übersehen, und auch der maximale **Tidenhub,** also die Differenz zwischen Hoch- und Niedrigwasser, ist mit 2,30 Meter nicht unbeträchtlich. Ganze Gattungen von Tieren und Pflanzen leben von diesem Steigen und Fallen mit seiner spezifisch evolvierten Nahrungskette, und der Badegast profitiert auch davon, denn er bekommt viel mehr zu sehen als etwa an einer gezeitenlosen Küste (wie am Mittelmeer). Glücklicherweise ist ein etwaiges Gefahrenmoment wie auf anderen Inseln mit weithin trockenfallenden Watten, wo Wanderer von der Flut unangenehm überrascht werden können, nicht gegeben. Das schmale Felswatt auf der Hauptinsel darf, weil naturgeschützt, eh nicht betreten werden, und an den Badestränden der Düne zerren keine riskanten Strömungen; überdies hält dort ein Bademeister Wacht.

**Auslöser ist der Mond**

Bewirkt werden Ebbe und Flut hauptsächlich durch die Anziehungskraft des Mondes, der bei seiner jeweils nächsten Annäherung einen Wasserberg auf sich zu zieht. „Auch die Menschheit bewegt sich nach den Gesetzen von Ebbe und Fluth", notierte *Heinrich Heine* (s. u.) 1830 auf Helgoland, „und vielleicht auch auf die Geisterwelt übt der Mond seine siderischen Einflüsse." Zu jenem Zeitpunkt war der Einfluss der Gestirne auf die Ozeane längst bekannt, nachdem helle Köpfe wie *Kopernikus, Kepler* und *Newton* diese Erkenntnisse wieder beweiskräftig aus der Schublade gekramt hatten, in die sie von katholischer Wissenschaftsfeindlichkeit über Jahrhunderte hinweg versenkt worden waren. (Die alten Römer und Griechen hatten die Zusammenhänge nämlich im Prinzip schon ganz richtig erfasst.)

Da ein Mondumlauf gegenüber dem 24-stündigen Erdentag knapp 25 Stunden dauert, treten die Tiden von Hoch- bis Niedrigwasser jeweils in Abständen von sechs Stunden und ca. 13 Minuten auf, **jeden Tag** also **zu einer anderen Uhrzeit.** Diese Daten sind, wie erwähnt, auf Helgoland nicht so kritisch wie anderswo. Aber der Badegast möchte schon gerne wissen, wann die Flut ihm das klarste Wasser beschert, der Angler kann die Beißfreudigkeit mancher Fischarten korrekt einschätzen, und dem Segler fällt die Berechnung seiner Kurse leichter, ganz zu schweigen von dickeren Tonnagen, für die 2,30 Meter den Unterschied zwischen Sein und Nichtsein bedeuten können.

Eine **monatliche Tidentabelle** mit Hoch- und Niedrigwasserzeiten findet man im jeweiligen Veranstaltungsprogramm, bei Helgoland Touristik und im Yachthafen.

# Wind und Wetter

Schon in den ersten Ausgaben der Nordseeführer dieser Reihe in den frühen neunziger Jahren war von Palmen auf Helgoland die Rede gewesen. Allerdings waren sie seinerzeit noch in behutsame, vielleicht auch ein wenig ironische Anführungsstriche gekleidet: Ein solches Szenario, obwohl es bereits im Raum stand, erschien denn doch zu unwahrscheinlich.



**Palmen am Strand**

Inzwischen ist es Wirklichkeit geworden. Zwar sind ein paar zirkulierende Postkarten, die ragende Palmen an der Südstrand-Promenade zeigen, schändliche Fotomontagen. Und das so genannte Exoten-Projekt des Frühjahrs 2004 unter Führung des Präsidenten Deutscher Palmenfreunde (so

helgo_035 Foto: kvh

was gibt's!) und Mitwirkung von Diplombiologen und Fachjournalisten starb einen stillen Tod, wohl weil „zur Entgegennahme und Koordinierung von Pflanzenspenden, Sach- und Dienstleistungsofferten geeignete und autorisierte Trägerinstitutionen" zwar gesucht, aber nicht gefunden wurden. Doch **vor dem Dünenrestaurant** stehen einige zerzauste Exemplare, und die sind durchaus echt. Bei weiterer Erwärmung könnten schon mehr daraus werden. Seit 1994 geben die Sommertemperaturen, soweit nachvollziehbar die höchsten in Folge seit 500 Jahren, jede Menge Grund zu Optimismus. Außerdem scheint auf Helgoland die Sonne im Jahresmittel 2000 Stunden, mehr als sonstwo in Deutschland. Auch das ist palmenfördernd.

**Mediterrane Pflanzen**

Tatsache ist, dass ein dünner **Ausläufer des Golfstroms** das Klima der Insel zumindest so weit wärmt, dass auf ihr sogar Pflanzen gedeihen, die man sonst nur im Mittelmeerraum findet. Dickes Packeis um Helgoland? Nicht vor der nächsten Kaltzeit. Selbst **Schnee ist außerordentlich rar.** 2003 schneite es mal – an einem einzigen Tag. Das bedeutet nun aber nicht, dass im Bereich der Insel ständig „schönes Wetter" angesagt wäre. Auch ohne Schnee kann der Winter kalt und eklig sein, und den **Jahresdurchschnitt der Temperaturen** drückt er auf jeden Fall beträchtlich. Trotz „Supersommers" lag selbiger anno 2003 bei frischen 10° C – aber immerhin ein Grad mehr als „normal". Was die Wetterfrösche schon in milde Erregung versetzte, wenn es im Grunde auch nichts Neues war: Seit 30 Jahren schon sind die Winter so warm wie noch nie in der Neuzeit; viele Zugvögel machen sich gar nicht erst mehr auf die Reise.

Je nach Betrachtungsweise rechnen zum weniger schönen Wetter natürlich auch **kräftige Stürme,** an denen auf Helgoland, der Hochseelage angemessen, kein Mangel ist. (Eine Anfang der 1990er Jahre gehegte Befürchtung, die Sturmstär-

helgo_037 Foto: rh

ken könnten sich angesichts der Erderwärmung linear weiterentwickeln, hat sich zum Erstaunen der Forscher aber nicht bestätigt. Von 1960 bis 1990 war dies tatsächlich der Fall, doch dann trat ab 1995 eine unerwartete Erschlaffung ein. Was jedoch keineswegs heißt, dass es nicht weiterhin stürmt und wettert.)

**Nordsee – Mordsee**

Der milde Golfstrom führt **Wärme** heran, er lässt aber auch **Tiefdruckgebiete** entstehen, die, wie die Verhältnisse es wollen, mit Vorliebe über die Nordsee hinwegkullern und dort überwiegend westliche Starkwinde im Gefolge haben **(„Westwindtrift“).** Oft genug mit so schlimmen Auswirkungen, dass man unserem Hausmeer schon den grimmigen Euphemismus „Mordsee“ verpasste, denn vor allem die niedrigen Festlandsküsten und Sandinseln mussten das Toben des Nordmeers immer wieder im Wortsinn ausbaden. Im Lauf der Geschichte wurden unter Küstenbewohnern und Seefahrern Zehntausende von Toten beklagt, und große Festlandsteile gingen für immer in den Fluten verloren. Auf einem soliden Felsmassiv wie Helgoland braucht man sich insofern keinerlei Sorgen hinzugeben. Aber man würde, klar, trotzdem gerne wissen, wie sich das Wetter am nächsten Tag gestaltet ...

Da sich die Winde um ein „Tief“ auf der Nordhalbkugel grob gesehen gegen den Uhrzeigersinn drehen, und weil sich das ganze Druckgebilde zumeist von West nach Ost bewegt, kann man mit dieser Kenntnis auch **ohne Fernsehen und Radio** eine ungefähre **Wetterprognose** anstellen. Wind aus südlichen Richtungen, namentlich Südwest, das ist jedem Helgoländer bekannt, bringt „Schlechtwetter“. Denn ein Tief bewegt sich dann auf den Nordseebereich zu, und bald bekommt auch schon dessen „Ausläufer“ zu spüren: mehr oder minder satter Regen von einer Warmfront, dann, nach einem wahrscheinlichen Windsprung auf westliche Richtungen, Schauer und womöglich Gewitter im Gefolge einer Kaltfront. Danach weht es in der Norm kräftiger denn je aus Nordwest bis Nord – das typische **„Rückseitenwetter“** der Nordsee, das herrliche Meeresbilder bieten, aber auch verflixt grob sein kann. Und mit einigem Glück läutet der Nordwind ein nachfolgendes „Hoch“ ein (um das sich der Wind im Uhrzeigersinn dreht), und schönes Wetter ist angesagt.

**Wetterdienst**

Wie es sich einigermaßen punktgenau in Bezug auf Helgoland entwickelt, und sei es nur, um eine Tagesreise nach der Insel halbwegs sicher zu planen, kann man beim **Deutschen Wetterdienst am Südhafen** erfragen (Tel. 811007). Dort weiß man auch, wie es morgen aussehen dürfte und vielleicht auch übermorgen. Danach nähert man sich in Sachen Voraussage jedoch immer schneller dem Ende des Wetterwissens. Bei stabiler Hochdrucklage, keine Seltenheit im Sommer, lässt die Entwicklung sich schon mal über eine ganze Woche hinweg prognostizieren. Aber wie das Wetter im nächsten Monat, gar im nächsten Jahr sein wird – das weiß kein Meteorologe. Und wenn er Profi ist, dann wird er nicht nur diesen Umstand bereitwillig eingestehen und anders lautende Aussagen ins Reich der „Wahrsage“ verweisen, sondern auch Argumenten, dass der Mondwechsel doch anderes Wetter brächte oder dass der „Hundertjährige“ dieses oder jenes zur Sache aussagte, mit nur einer Antwort begegnen: „Alles Käse.“



Detaillierte **Wetterberichte** lassen sich auch **im Internet** einholen.

- Die Insel selbst hat auf ihrer Homepage **www.helgoland.de** eine spezielle Wettersite, die man zur Sicherheit mit **www.wetteronline.de** abgleichen kann, wo Vorhersagen für kleine Orte abrufbar sind. PLZ eingeben (Helgoland: 27498), und schon lacht die Sonne.
- Nützlich ist auch **www.donnerwetter.de** mit punktgenauen Angaben für den Standort.
- Wer sich vor Sturm und Hagel sorgt, der wähle **www.unwetterzentrale.de**, wird die meiste Zeit dort aber nicht fündig werden.

**Reederei haftet bei Seegang nicht**

Wer auf einem schaukelnden Schiff zu Schaden kommt, kann die Reederei dafür nicht haftbar machen. Das **Landgericht Bremen** wies unter dem Aktenzeichen 7 O 124/03 die Klage eines betagten Kreuzfahrtpassagiers ab, der „wegen mangelnder Haltegriffe“ an Bord auf dem Weg zur Toilette gestürzt war. Die Schaukelei sei ein „immanenter Bestandteil der Seefahrt“, befand das Gericht realistischerweise. Außerdem wäre der Kläger durch Lautsprecherdurchsagen vor schlechtem Wetter gewarnt gewesen.

# Die böse Seekrankheit

„Weder Beten hilft noch Motzen.
Alle, Machos oder (ahem) Damen,
Helgoländer oder Hotzen-
Wälder, wetterfeste Lotsen,
Skipper, die mit Meilen protzen,
Auch die vor Gesundheit strotzen,
Und fast jedem Sturme trotzen,
Werden alle einmal kotzen."

*Wendelin Renner*

Einst, zu meiner Jugendzeit, hatten die Helgoländer Seebäderschiffe noch ein ganz spezielles Verlies, über dessen Tür „Brechraum" stand. Schon ab Windstärke 5 war der Brechraum immer gut besucht, und man konnte sogar vor seiner Tür schon hören, was drinnen vor sich ging. Bei Ankunft Helgoland war dann nur noch ein kollektives müdes Stöhnen als Bestätigung zu vernehmen, dass selbst Marmor, Stein und Eisen bricht.

Von dieser nützlichen Einrichtung ist man inzwischen abgekommen. Zum einen, weil man das Geschäft ja auch mittels handlichem „Spuckbeutel" verrichten kann, und zum anderen wohl, weil manchen Leuten schon beim Lesen der Inschrift schlecht geworden war. Außerdem sind die Schiffe heute einigermaßen stabilisiert, was bedeutet, dass sie weniger schaukeln als einst, und die Cats sind so schnell vor Ort, dass man gar keine Zeit zum Seekrankwerden hat. Überdies kann man sich mit wirksamen Medikamenten gegen das Übel schützen; empfohlen wird generell das Mittel Emesan®. Alle anderen Patentrezepte, die im Verlauf einer Seereise von Gesunden an die Kranken herangetragen werden, sind zumeist von Ironie getragener Quark („Legen Sie sich unter eine ausladende Eiche und lauschen Sie dem Vogelgezwitscher!" oder „Tropft dir die Kotze in die Schuhe, gibt der Wind allmählich Ruhe") und machen die Sache angesichts der schwankenden Realität nur noch schlimmer.

Wer noch keine Seebeine hat, sollte sich – vielleicht wegen vermeintlicher Ballermann-Konstitution – nicht darauf verlassen, von der Seekrankheit verschont zu bleiben. Womöglich kann man Trost darin schöpfen, dass es jemanden, der von seiner Mannhaftigkeit mehr als überzeugt war, nämlich den dicken *Hermann Göring,* auf einer stürmischen Kreuzerfahrt von Helgoland nach Kiel ganz besonders schwer erwischte. Die Offiziere des Schiffes, auf dem er sich befand, belegten ihn daraufhin mit dem Ehrentitel „Reichsfischfuttermeister", was *Göring,* dem das später zu Ohren kam, sehr ergrimmte. Und von einem der berühmtesten Seehelden aller Zeiten heißt es: „Sogar als großer Admiral/erbrach sich Nelson jedesmal".

Wahr ist zwar, dass Männer weniger Probleme als Frauen haben. Aber nur Säuglinge und hörgeschädigte Menschen werden nie seekrank, außerdem eine verschwindend kleine Anzahl permanent Gefeiter. (Sowie die Säuglinge aber keine mehr sind, gehen sie alsbald in die Vollen. Dann zeigt sich, dass an der Volksweisheit „Speikinder, Gedeihkinder" wenig Wahres ist.) Ein ebenso geringer Prozentsatz ist von dem Übel erst befreit, wenn er wieder festen Boden unter den Füßen verspürt. Für die Masse dazwischen ist die Seekrankheit eine Frage der Gewöhnung; irgendwann hört sie mal auf, und man beginnt sich doppelt so gut zu fühlen, weil man's überwunden hat. Im Namen aller passiv Teilnehmenden sei an dieser Stelle nur inständig darum gebeten, das Geschäft so zu verrichten, dass niemand anders als Zielobjekt mitleiden muss.

helgo_041 Foto: pdh

# Sturm und Wellen

**Beaufort-Skala**

Sir *Francis Beaufort,* britischer Admiral, entwickelte in der ersten Hälfte des 19. Jahrhunderts eine Skala, die die **Stärke des Windes und des dadurch erzeugten Seegangs** von Punkt zu Punkt auflistete, um eine praktische Messlatte für diese Verhältnisse zu haben. Die so genannte Beaufort-Skala (Bft), die Wind und See in **bis zu 12 Stärken** einteilt, erwies sich als derart praktisch, dass sie selbst im Computer-Zeitalter weiterhin Bestand hat. (Obwohl es als zeitgemäß gilt, den Wind heutzutage in km/h anzugeben, ist die metrische Methode weitaus weniger aussagefähig. Wer kann sich schon vorstellen, wie die See bei 50 km/h aussieht? Man erhält über die Angabe 7 Bft dagegen einen guten Begriff, was dieses „Fahrmaximum in Ortschaften", das einem im Auto ziemlich langsam vorkommt, bereits anzurichten vermag.)

Um die Windgeschwindigkeiten und Seezustände von Hurrikanen, Taifunen und anderen Superstürmen (die es manchmal auch im Nordseebereich gibt) gleichfalls messen zu können, hat man die Skala heute zwar auf 17 erweitert. Doch ab Stärke 12, das hatte der olle Seebär schon ganz richtig erkannt, ist eigentlich sowieso alles Jacke wie Hose. Die nachstehende **offizielle Liste** hört deshalb auch bei 12 Bft auf, wenn es drunter und drüber geht.

| Bft | km/h | Wind | Zustand der See |
|---|---|---|---|
| **0** | <1 | Stille | Spiegelglatt. |
| **1** | 1–5 | Leiser Zug | Leicht gekräuselt. |
| **2** | 6–11 | Schwache Brise | Kleine, kurze Wellen mit glasigen Kämmen. |
| **3** | 12–19 | Leichte Brise | Kämme beginnen zu brechen, mitunter treten kleine, weiße Schaumköpfe auf. |

| Bft | km/h | Wind | Zustand der See |
|---|---|---|---|
| **4** | 20–28 | Mäßige Brise | Wellen werden länger und Schaumköpfe häufiger. |
| **5** | 29–38 | Frische Brise | Wellen mäßiger Höhe, aber schon von ausgeprägter langer Form. Überall weiße Schaumköpfe, vereinzelt etwas Gischt. |
| **6** | 39–49 | Starker Wind | Wellen bauen sich auf; Kämme brechen und hinterlassen größere weiße Schaumflächen; etwas Gischt. |
| **7** | 50–61 | Steifer Wind | Die See beginnt sich zu türmen. Der weiße Schaum der Brecher legt sich in Streifen zur Windrichtung. |
| **8** | 62–74 | Stürmischer Wind | Mäßig hohe Wellenberge mit langen Kämmen. Gischt beginnt abzuwehen und die Luft zu füllen. Ausgeprägte Schaumstreifen in Windrichtung. |
| **9** | 75–88 | Sturm | Hohe, „rollende" Wellenberge mit dichten Schaumstreifen in Windrichtung. Beginnende Sichtbeeinträchtigung durch Gischt. |
| **10** | 89–102 | Schwerer Sturm | Sehr hohe Wellenberge mit langen, überbrechenden Kämmen. Schweres, stoßartiges Rollen der See. Sichtbeeinträchtigung durch Gischt. |
| **11** | 103–117 | Orkanartiger Sturm | Außergewöhnlich hohe Wellenberge. Durch Gischt herabgesetzte Sicht. |
| **12** | 118–133 | Orkan | Luft mit Schaum und Gischt angefüllt. See völlig weiß. Jede Fernsicht ausgeschlossen. |

helgo_044 Foto: kvh

**Alles auf Null**

Wenn es wirklich dicke (d. h. **über Windstärke 8**) kommt, werden die **meisten Schiffsverbindungen eingestellt.** Dieser Passus höherer Gewalt ist in allen Transportverträgen enthalten, und selbst wenn einem dadurch die ganze Urlaubsplanung vermasselt wird, muss man Verständnis dafür aufbringen, dass die Sicherheit stets Priorität besitzt. Bei Sturmansage, die in der Saison ja eh rar genug ist, sollte man Kontakt mit der Reederei halten, bevor man womöglich nutzlos an die Küste reist und dort auf Wetterberuhigung warten muss. Gerade die Sturmsaison für eine Helgolandreise völlig auszuschließen, wäre jedoch verfehlt, gegebenenfalls muss man dann das Flugzeug nehmen. (Das allerdings auch vom Wetter abhängt und nicht immer fliegt.) Denn an Sturmtagen hat die Insel eine ihrer faszinierendsten Seiten mit großartigen Szenarien zu bieten. Manche genussfreudigen Ästheten reisen nur dann nach Helgoland - sie wissen schon warum.

**Helgoland im Winter**

*Sten Nadolnys* „Entdeckung der Langsamkeit" kann man in den kälteren Monaten auf Helgoland im Ideal nachvollziehen. Während sich an sonnigen Sommertagen zur Ferienzeit schon mal bis zu 8500 Ausflügler, Übernachtungsgäste und Insulaner auf dem engen Felsen drängen, sind es in der gesamten Nebensaison von November bis März höchstens 15.000 - und keiner hat es dann eilig. In diesen Monaten zeigen See und Küsten die erwähnten prächtigen Panoramen, und der Wind fegt scharf über das verlassene Oberland und ist glasklarer denn je. Wenn er im Sommer noch ein Staubpartikel mitführte - jetzt garantiert keines mehr. Dennoch muss man auch zu dieser Zeit nicht frieren. Das warme (26° C) Meerwasser-Schwimmbad ist weiterhin in Betrieb (allerdings wegen Wartungsarbeiten nicht den größten Teil des Novembers und Dezembers) und die Saunen ebenfalls. Außerdem entfällt die Kurtaxe, und die Vermieter locken mit Niedrigpreisen, zum Teil regelrechten Schnäppchen. Und noch ein Bonus: Die Wahrscheinlichkeit, jetzt seinem Nachbarn auf dem Eiland zu begegnen, liegt fast bei Null.

Im Winter fährt die **Reederei Cassen Eils** (s. o.) alle 1–2 Tage (nur von Cuxhaven) zur Insel und nimmt dabei Windstärke 9 für die Hin- und 10 für die Rückreise in Kauf. Dies ist von Herbst bis Frühjahr die einzige Schiffsverbindung.



Durchaus reizvoll: Helgoland im Winter

## *Insel der Stille*

„Der Lerm (...) ist die impertinenteste aller Unterbrechungen, da er sogar unsere eigenen Gedanken unterbricht, ja, zerbricht. Wo jedoch nichts zu unterbrechen ist, da wird er freilich nicht sonderlich empfunden werden."

*Arthur Schopenhauer*

Fragt man Inselreisende, die nicht nur eine Tagestour absolviert, sondern auch einige Nächte auf Helgoland verbracht hatten, was ihnen dort besonders gut gefallen habe, so lautet die Antwort durchweg: „Die Ruhe! Diese himmlische Ruhe!" Denn nicht nur im Winter, auch mitten in der Hochsaison kommt der (ohnehin nie überlaute) touristische Trubel abends zum Erliegen, und Stille zieht ein. Kein Kraftfahrzeug zerdröhnt den insularen Frieden, keine „tragbare Disco" *(Harald Schmidt)* zerdellt das sanfte Rauschen der Wellen, grölende Trunkenbolde stellt der Sheriff ruhig, und die Kinder sind von der Seeluft so müde, dass sie alle Lust am Kreischen verloren haben und nur noch schlafen wollen.

Auf dem Festland ist die dominierende Lärmquelle im „Belästigungserleben" der Deutschen der Straßenverkehr. Millionen von Bundesbürgern fühlen sich durch den Lärm der Straße massiv gestört. (Allerdings nie durch das eigene Auto.) Laute Sportveranstaltungen, Straßenfeste und musikalische Dauerberieselung zählen ebenfalls als schwer erträgliche Belästigungen. Und man muss mit ihnen leben, denn es gibt kein Entkommen. Geräusche dringen in unser Hörsystem ein, wir können sie nicht einfach ausblenden, sondern müssen uns mit ihnen auseinander setzen. Deshalb gilt Lärm mittlerweile als Deutschlands Umweltproblem Nummer eins. Große Teile des Jungvolks sind irreparabel schwerhörig, andere leiden am Dauerpfiff des Tinnitus. Lärm schädigt auch das Herz (wegen Steigerung des Blutdrucks), schwächt das Immunsystem, erhöht das Risiko für Magengeschwüre und hat im Extrem selbst Lungenflügel kollabieren lassen. Womöglich, vermeinen die Forscher, macht er sogar dumm, weil er, siehe *Schopenhauer,* auf den Geist geht. Bei Kindern kann exzessiver Lärm den Grundstein für lebenslange chronische Gesundheitsprobleme legen. Alles in allem eine beeindruckende Liste, zu der noch 2000 Jahrestote durch lärminduzierte Leiden zu addieren sind.

Nichts von alledem auf Helgoland. Und nicht nur kehrt man von seinem ruhigen Aufenthalt gut erholt zurück, sondern womöglich auch von der Erkenntnis erhellt, dass man daheim selber einiges dazu beitragen könnte, die allgegenwärtige Kakophonie einzudämmen.

# Blitz und Donner

Viele Menschen glauben, auf See gäbe es gar keine Gewitter. Dies trifft keineswegs zu, es gibt auch gar keinen meteorologischen Grund dafür, warum das nicht so sein sollte. Ebenso rechnet mancher kaum damit, mitten im Winter von Blitz und Donner überrascht zu werden. Aber das kann durchaus geschehen. Sogenannte **Kaltfronten,** zu jeder Jahreszeit im Kielwasser von Tiefdrücken zu vergegenwärtigen, sind generell von Gewittern begleitet. Sie können im Winter mitunter heftiger sein als infolge sommerlicher Schwüle. (Beide sind aber auf Helgoland immerhin so rar, dass sie nicht unter die Rubrik „Lärmbelästigung" fallen!)

Da Gewitter bekanntlich auch einzelnen Menschen gefährlich werden, ist dort, wo große Exponiertheit besteht, auch besondere **Vorsicht** angebracht. Dies gilt für das **Helgoländer Oberland und die Düne.** In beiden Fällen sollte man bei Annäherung eines Gewitters nicht im freien Gelände als solitärer Blitzableiter hervorstehen, sondern in Gebäuden Schutz suchen. Wird man im Freien von Blitz und Donner überrollt, empfiehlt sich Deckungnahme in einer Bodensenke: Mit geschlossenen Füßen zusammenkauern und das Schlimmste vorbeirauschen lassen. Keinen Metallregenschirm aufspannen!

**Perfekter Blitzableiter**

Die statistische Wahrscheinlichkeit, vom Blitz getroffen zu werden, ist verschwindend gering und auf Helgoland noch viel geringer, seit dort der gewaltige **Funkmast** als perfekter Blitzableiter in den Himmel ragt. Aber manchmal schlägt der Blitz ein, wo man am wenigsten damit rechnet. Wer die Statistik nicht um einen weiteren Fall bereichern will, halte sich an die genannten Empfehlungen.

**Blitzopfer**

Auch einem Blitzopfer **kann man helfen.** Ein Schlag führt womöglich zu Herz- und Atemstillstand. Herzmassage und Atemspende können einen Betroffenen unter Umständen rasch wiederbeleben – sofern sie umgehend verabreicht werden. Äußere Verletzungen sind oft erstaunlich gering; ihnen gilt ohnehin erst sekundäre Aufmerksamkeit. Und ein vom Blitz getroffener Mensch ist natürlich nicht „elektrisch aufgeladen" – er kann ohne weiteres bewegt und versorgt werden.

## Licht und Schatten

**Zunahme von Hautkrebs**

Vielleicht hat es sich herumgesprochen: Sonnenlicht macht nicht nur braun und „schön". Es lässt die Haut auch altern, bis sie im Extrem aussieht wie ein alter Faltensack, den selbst die teuerste Creme nicht mehr flach geplättet kriegt. Und schlimmer noch. Ein Übermaß des Strahlengewitters führt zu nachhaltigen Schäden der tieferen Hautschichten. Das potenzielle Endresultat ist Hautkrebs, dessen bösartigste Erscheinungsform, das maligne Melanom, allein in Deutschland für jährlich 6–7000 neue Fälle sorgt, ein erheblicher Teil davon mit Todesfolge.

Ältere Semester mögen argumentieren, dass es „das früher nicht gab", und dass die ganze Diskussion nur von den Sonnenöl-Herstellern losgetreten wurde, um gute Geschäfte zu machen. Aber das stimmt so nicht ganz. Hautkrebs war früher rarer, das ist richtig. Doch es gab ihn durchaus, und man starb auch daran, weil er, damals oft unerkannt, aggressiv andere Organe befällt. Es gibt jedoch Gründe, weshalb er heute immer häufiger wird. Zum einen, weil gegerbte Haut als „gesund" gilt – und über einige Umwege trägt das **Sonnenlicht,** unter dem die Menschheit aufwuchs, ja auch in der Tat zu **Wohlbefinden und Gesundheit** bei. (Manche Krebsarten werden durch seine Einwirkung wahrscheinlich sogar vermieden.) Zum anderen, weil durch die hausgemachte Ausdünnung des Ozonschildes mehr gefährliches UV-Licht die Erde erreicht denn je. Zwar kann über der Nordsee keineswegs von einem „Ozonloch" die Rede sein, denn dieser Begriff findet erst Anwendung, wenn der Schutzschild zu mehr als der Hälfte zerfressen ist. Außerdem bessert sich die Situation. Doch auch so reicht es für mehr organische Schädigungen als zu Kaisers Zeiten.



**Risiko 1 zu 5**

Die Gefahr, unter „normalen" Umständen Hautkrebs zu bekommen, liegt für Weißhäutige bei eins zu fünf in Abhängigkeit von der Funktionalität des individuellen Immunsystems. In ca. 77 Prozent der Fälle handelt es sich um sog. **Basalkarzinome** mit günstigen Heilungsaussichten. **Plattenepithelkarzinome** machen etwa 18 Prozent aus. Sie können sich weiter ausbreiten, doch das ist selten. Die restlichen fünf Prozent nimmt das **maligne Melanom** ein, das bei frühzeitiger Erkennung - aber nur dann! - gute Heilungschancen hat.

**Sonnenschutz**

Vorbeugend gegen Befall helfen Sonnenschutzmittel, die die schädliche UV-Strahlung blockieren und die vor allem bei Kindern mit ihrer dünnen Haut und bei sehr hellhäutigen Menschen großzügig verwendet werden sollten. Der XXL-Schutzfaktor von Sonnenschirmen, breitrandigen Hüten und weißen T-Shirts darf ebenfalls nicht unterschätzt werden. Und überdies sollte man sich den Wahlspruch der stark ozonlochgeschädigten Australier zu Eigen machen: „Between eleven and three, slip under a tree" - wenn die Sonne zwischen 11 und 15 Uhr am stärksten knallt, empfiehlt es sich, den Schatten aufzusuchen. An der See wird man durch die Streustrahlung auch so braun.

Es besteht aber kein verhängnisvoller Automatismus, der nach jeder solaren Dusche geradewegs in den Krebs führte. Es gibt durchaus so etwas wie eine **„Lichtabhärtung"** über die Melaninproduktion (= Bräunung) der Haut, und durch die Entstehung hauteigener Säuren wird sogar ein natürlicher Sonnenschutz aufgebaut. Weiterhin verdickt sich die erste Hautschicht allmählich („Lichtschwiele") und wirkt dann zusätzlich als potenter Filter. Die gütige Natur hat halt an alles gedacht.

**Sonnenbrand**

Wer sich dennoch das Fell verbrannt hat, muss einen Bogen um die Sonne machen. Ein Sonnenbrand kann subkutane Schäden im Gefolge haben, die erst viele Jahre später zum Ausbruch kommen; er ist also tunlichst zu vermeiden. (Wenn es dennoch brutzelt: Ein kühles Duschbad nehmen, Talkumpuder oder eine milde Creme auftragen. Joghurt auf der Haut verhindert Blasenbildung. Außer in schweren Fällen belästige man keinen Arzt. Ob der Keim für ein 20 Jahre später ausbrechendes Karzinom gelegt wurde, vermag er ohnehin nicht zu erkennen.)

**Erkenntnisse aus der Forschung**

Mit Sonnenschutzmitteln sollte man deshalb nicht sparen. Einige aktuelle Erkenntnisse, die die Forschung zutage gefördert hat, mögen in diesem Zusammenhang von Interesse sein:

- Ein **Schutzfaktor** von 10 filtert bereits 90 Prozent der gefährlichen Strahlung aus, bei 30 sind es schon 97 Prozent. Aber ...
- ... zu beachten ist, dass neuerdings, weil ja alles englisch sein muss, immer mehr Mittel mit dem amerikanischen Kürzel **SPF** *(Sun Protection Factor)* auf den Markt kommen. Der SPF liegt doppelt so hoch wie der deutsche **LSF** (Lichtschutzfaktor). Das heißt: Er hat nur die halbe Schutzwirkungsdauer.
- Die gängigen chemischen Filterstoffe in Sonnenschutzmitteln haben sich als sehr **potente Schadsubstanzen** erwiesen, die Fruchtbarkeit und Geschlechtsentwicklung gefährden können und das Entstehen sexueller Entwicklungsstörungen befürchten lassen. (Quelle: „Der Spiegel" 52/ 03, „Sonnencreme mit Nebenwirkung"; norwegische Forscher hatten schon im Jahr 2000 gewarnt.) Scheinbar hat man hier die Wahl zwischen Pest und Cholera.

- Das **Auftragen der Schutzmittel** verführt dazu, dass man sich durch das Ausbleiben eines Sonnenbrandes in Sicherheit wiegt und länger als geboten in der Sonne bleibt. Dieserart wird durchsickernder Strahlung sozusagen Gelegenheit gegeben, verborgene Schäden anzurichten, die erst viel später in Erscheinung treten. Einen totalen Schutz durch die Einreibemittel gibt es nicht. Aber ...
- ... **Präparate,** die **mit Botenstoffen** (Interleukin-12) direkt auf die Biologie der Hautzellen wirken, sind in der Entwicklung. Das bereits auf dem Markt befindliche Mittel „Aldara 5%" steuert das körpereigene Immunsystem sozusagen auf Tumore (des hellen Hautkrebs) zu und führt zu ihrer Zerstörung. Die Salbe ist mit fast 100 Euro nicht ganz billig, aber die Krankenkasse übernimmt die Kosten.
- Günstige Wirkungen werden auch den sog. **Polyphenolen** in schwarzem und vor allem **grünem Tee** zugeschrieben. Sowohl getrunkener als auch auf die Haut aufgetragener Tee soll einen förderlichen Beitrag leisten, im ersteren Fall durch Stärkung des Immunsystems. Weitere Forschungen an Sonnenschutzmitteln auf Algenbasis sind im Gange, unter anderem bei der Biologischen Anstalt Helgoland (s. u.).

helgo_051 Foto: rh

- Sonnencremes bieten keinen Schutz gegen **Leberflecken,** deren Bildung durch viel Sonne begünstigt wird und die ihrerseits krebserregend sein können. Vor allem bei Kindern ist Vorsicht geboten.
- Viele **Parfüms und Kosmetika** sowie einige **pflanzliche Duftöle** machen die Haut empfindlicher für Sonnenlicht. Deshalb sollten Schutzmittel nicht über Pflegecremes oder Make-up aufgetragen werden, weil dadurch ihre Wirksamkeit erheblich verringert wird.
- **Welches Mittel ist das „beste"?** Es gibt beträchtliche Qualitätsunterschiede von einem zum anderen. Aufschluss gibt es (für 1 Euro) bei www.test.de.
- Eine dicke Schicht **Sonnenschutzmittel schützt vor** ziependen **Quallen** im Wasser, und zwar fast zu 100 Prozent. Quallen sind kein „Problem" in den Gewässern um Helgoland, außerdem pieken sie nicht alle, aber gelegentlich treten sie schon auf.

# Meer und Ökologie

**Vorher – nachher**

Millionen Jahre waren die Nordsee und ihre Vorläufer so blitzsauber wie eine tropische Korallenlagune. Selbst als sich ihre Gestade in der Neuzeit zunehmend mit Menschen bevölkerten, blieb es zunächst beim Status quo. Doch dann kam es immer schneller zu **Verschlechterungen.** Nicht nur nahm die Bevölkerung allein des Deutschen Reiches im 19. Jahrhundert um ein Mehrfaches zu – Verhältnisse wie im heutigen Indien. Auch die Industrialisierung setzte zu diesem Zeitpunkt massiv ein, und sie war von Anfang an gleichbedeutend mit dem Raubbau an der Natur und der Verschmutzung der Umwelt. Vollends dreckig wurde es mit der Einführung ölbetriebener Maschinen im frühen 20. Jahrhundert, zu denen sich schon bald das Automobil gesellte, dessen Zahl im Lauf der nächsten Dekaden alptraumhaft anschwellen sollte. Hinzu kamen die Abfälle zahlloser Fabriken, namentlich der chemischen, und später der wegen ihrer ausgelaugten Böden immer intensiver synthetisierten Landwirtschaft. Der meiste Dreck dieser Kategorie gelangte über die Flüsse ins

Meer, Tausende und Abertausende von Tonnen pro Jahr. Auf mehr oder minder direktem Weg gaben die zu riesigen Millionenscharen angewachsenen Anrainer ihren üblen Senf dazu.

**Industrieller Nachttopf**

Zu Beginn der zweiten Hälfte des 20. Jahrhunderts war die Nordsee dreckig wie noch nie. Und da sich die politisch bereitwilligst akzeptierte Legende einer „unbegrenzten Absorptionsfähigkeit des Meeres“ allerseits breit gemacht hatte, wurde jetzt erst recht „eingetragen“ und „freigesetzt“. Euphemistisches Verharmlosungsvokabular dieser Art entstand gleichzeitig, um das kriminelle Tun aller jener zu kaschieren, denen es nur um Anreicherung von Geld und Macht ging. Noch bis in die achtziger Jahre des 20. Jahrhunderts nahm man es als selbstverständlich hin, dass Badegäste mit „Teerfüßen“ vom Strand zurückkehrten und wegen des Schmierkrams mit ihren Pensionswirtinnen in Konflikt gerieten. Ganze Flotten von Schiffen kippten damals ihre Tankrückstände in die alles absorbierende Nordsee, und die immer zahlreicher gewordenen Ölplattformen kleckerten kräftig mit – auf das eine oder andere Tönnchen kam's dann doch wirklich nicht mehr an. Dazu flossen Chemikalien schlimmster Zusammensetzung, manche von beklemmender Lebensfeindlichkeit, in den „industriellen Nachttopf“, wie nachdenklich gewordene Geister das deutsche Hausmeer zu titulieren begonnen hatten. Es kam immer wieder zu Fischsterben, Vogelsterben, Seehundsterben. Da kein nachweisbares Menschensterben zu verzeichnen war (obwohl sich zahlreiche Giftrückstände am Ende der Nahrungskette in der Krone der Schöpfung anreicherten), ging es lustig weiter mit dem Eintragen und Freisetzen.

**Ende der Fahnenstange**

Schon frühzeitig hatte sich in einigen hellen Köpfen die Erkenntnis festgesetzt, dass das Ende der Fahnenstange erreicht war, dass man den Ast abzusägen im Begriff war, auf dem man saß. Die Terminologien des „Umweltschutzes" und der „Ökologie" wurden geboren. Obwohl zu Beginn noch als grüne Spinnerei diffamiert, gewannen sie im Zeichen eines Sieges der Vernunft rasch an Dimension und gediehen letztlich zum Politikum. Das **Konzept des „Nationalparks Wattenmeer"** kam (1985) in Gang, und bald ging es auch den industriellen Großverschmutzern an den Kragen. Das Ende der Dreckschleuder DDR trug außerdem fühlbar zu einer saubereren Welt im Nordseeraum bei.

Die neue politische Richtung, das öffentliche Umdenken, die handfesten Taten – das alles hat seither Früchte getragen. Der Nordsee geht es wieder viel besser. Gut noch lange nicht, denn der **Prozess der Renaturierung** hat gerade erst begonnen. Was über eineinhalb Jahrhunderte hinweg krank gemacht wurde, immer noch pathogen gefördert wird, lässt sich nicht binnen kurzer Frist heilen. Die Stürme von Protesten fast aller Nordseeanrainer bei der Einführung der ersten Schutzmaßnahmen lassen zudem erkennen, auf welch gefährlich fragilen tönernen Füßen die ganze Konstruktion steht und jederzeit wieder kollabieren kann – ein donnernder Ruf nach „Arbeitsplätzen" genügt. Im Fall von Helgoland hat sich jedoch offensichtlich die Einsicht durchgesetzt, dass vom eingeschlagenen Kurs kein Abkommen ist. Sämtliche ökonomischen Aktivitäten auf der Insel hängen von einer sauberen Nordsee ab. Das große Konzept muss mithin nicht nur fortgeführt, sondern es muss auch ständig an seiner Verbesserung gearbeitet werden.

**Sauberes Wasser**

Der alljährliche europaweite Test der Wasserqualität durch den ADAC bescheinigt auch Helgoland Bestnoten: Das Wasser ist einwandfrei. Allerdings geht es bei diesen Tests um fäkale Verschmutzungen, und insofern ist die Nordsee wegen der überall installierten modernen **Kläranlagen** schon über jeden Verdacht erhaben. Wenn etwas braun im

Kielwasser der Fähre brodelt, so handelt es sich in der Regel um Schlick-, Algen- und Planktonpartikel, die keineswegs gesundheitsschädlich sind – eher im Gegenteil. Doch nach der weiteren Präsenz zahlloser übler Chemikalien mit Einschluss tausender von Tonnen aus der Atmosphäre abregnender unverbrannter Motorentreibstoffe wird nicht geforscht – das wäre gerade für den ADAC ja auch kontraproduktiv. **Chemische Schadstoffe** sind indes weiterhin Bestandteil diverser Kreisläufe. Mit „Grenz-" und „Verträglichkeitswerten" an diesem Status herumzubasteln, erscheint wenig sinnvoll, der Begriff „Werte" in diesem Zusammenhang überhaupt fehl am Platze. Man könnte genauso gut testen, wie viel Leiden ein Kranker verträgt, bis er stirbt, und anschließend versuchen, ihn wieder zum Leben zu erwecken. Zu denken sollte geben, dass bei den wiederholten großen Seehundsterben seit den achtziger Jahren zwar benennbare Krankheiten diagnostiziert wurden, dass Immunschwächen durch Umweltgifte jedoch als initielle Auslöser galten und dass die Kadaver derart mit toxischen Substanzen angereichert waren, dass sie als „Sondermüll" beseitigt werden mussten.

**Kann man** trotzdem **unbedenklich in der Nordsee baden? Aber immer!** Der Anteil von Schadstoffen im Seewasser liegt in der Tat nicht auf einem Niveau, das dem Menschen unmittelbaren Schaden antäte, sofern er das Nass nicht gleich eimerweise trinkt. Dennoch gibt es auch hier nur einen akzeptablen „Wert", den es anzustreben gilt: Null.

# *Halunder und andere*

**Eigen-williges Völkchen**

Es ist davon auszugehen, dass auf einem einsam im Meer gelegenen Felsen ein eigenwilliges Völkchen heranwächst. Das hat sich im Lauf der Geschichte immer wieder bestätigt. Die „Halunder" (auch Hallunder, Halunner), wie sie sich nennen, sind des Öfteren beschrieben und besungen worden – sie selbst haben allerdings, recht typisch für sie, nicht viel von sich gegeben, und Literarisches mit der höchst rühmlichen Ausnahme eines *James Krüss* (s. u.) auch eher wenig – sie zählten ja auch immer nur knapp zweitausend Köpfe. Eine eingehende **Beschreibung der Insulaner** findet sich in **Erich Lüths** lesenswertem **Buch „Helgoland"** (siehe Literaturhinweise). Man merkt, wie sehr der Autor „seine" Helgoländer liebt, unter denen er zweifellos manchen guten Kumpel gefunden hatte. Doch dann gleitet ihm seine Lobeshymne immer mehr ins Peinliche ab, bis selbst Halunder von echtem Schrot dabei rote Ohren bekommen dürften. Wahre Adleraugen werden ihnen angedichtet, die doppelte, nein, dreifache Sehschärfe des Festländers haben sie, denn oben von der Insel schweift der Blick viele Seemeilen weit in die Runde und wetzt dieserart das Aug'. (Nach der gleichen Überlegung müssten Bergbauern von ihrer Alm im Tal die Zeitung lesen können.) Und da es auf Helgoland – nanu! – „keinen Rückenwind gibt", sondern nur stramme vorderliche Winde, sind die Insulaner alle schlank. Denn: „Fettpolster werden weggeblasen". (Also, Beleibte: Schon mal vormerken.) Deshalb wohl auch ist die Haut der Inselmädchen „wie Milch und Honig. Lippen und Brauen bedürfen keines make-up." (Das Buch

Kerniger Typ von anno dunnemals
(auch auf den folgenden Seiten)

helgo_057 Foto: pdh

wurde 1962 verfasst, aber ein bisschen Vorkrieg klingt gerade an solchen Stellen immer wieder durch.) Die Deerns (Mädchen) sind von gewinnender Freundlichkeit und anmutiger, würdiger Haltung sowie „lebhaften Geistes". Zwei andere Autoren *(Siebs* und *Wohlenberg)* wussten Letzteres schon 1953 zu bestätigen: „Der Helgoländer denkt scharf. Er ist ausgesprochen witzig und spottlustig. Er ist nie um eine Antwort verlegen, stets sicher und dabei schalkhaft schlagfertig. Auf die Frage eines Fremden, ob ein an der Landungsbrücke liegendes Boot nach der Düne fahre, antwortete der Brückenwärter: ‚Nein, das Boot frühstückt.'" Man darf annehmen, dass der Tourist sich über diese geistreiche Pointe, die *Harald Schmidt* mit blankem Neid erfüllen dürfte, totgelacht hat.

helgo_058 Foto: pdh

helgo_059 Foto: pdh

**Scharfes Denken**

Eine Kostprobe des scharfen Denkens erhielt bereits Fürst *Georg Albrecht von Ostfriesland,* als er seinen für das rote Eiland zuständigen Kollegen *Frederik IV. von Dänemark* 1723 ersuchte, ihm ein paar Helgoländer Fischerfamilien für die Neubesiedlung der von Sturmfluten verwüsteten und von allen Einwohnern verlassenen Insel Langeoog zu übersenden. Eine Abordnung erschien auch in der Tat bei der fürstlichen Verwaltung in Aurich und legte dieser als erstes einen dicken Katalog mit Bedingungen vor. Man verlangte: den dritten Teil allen geborgenen Strandguts für die Berger; ausschließliches Siedlungsrecht für sich selber; uneingeschränkte Vogeljagd; zollfreien Fischverkauf nach Hamburg; einen eigenen Vogt aus ihrer Mitte nebst von der Regierung gestellter Dienstwohnung; Gestellung eines Lehrers und Predigers sowie zweier Pferde durch den Fürsten.

Witzig hat der Ostfriesenchef das bestimmt nicht gefunden. Wie verlegen er aber um Leute war, die seine Insel Langeoog zusammenhalten sollten, zeigt sich daran, dass er sich zähneknirschend darauf einließ, mit den Helgoländern um deren unverschämte Forderungen zu feilschen. Er kam ihnen letztlich sogar in den meisten Punkten entgegen, wohl aus einer dunklen Ahnung heraus, dass aus dem ganzen Vertragswerk doch nichts werden würde. So kam es dann auch. Nach einigem weiteren Hin und Her legte der Dänenkönig ein endgültiges Veto ein und pfiff seine Untertanen auf ihren Butterfelsen zurück. Die Halunder zogen ab und ließen sich nie wieder blicken.

helgo_060 Foto: pdh

# Nordseevokabular

Man muss sorgfältig unterscheiden zwischen den auf den friesischen Inseln mit Einschluss von Helgoland üblichen Regionalsprachen – gleich noch ein wenig mehr dazu – und dem allgemeinen an der Küste gesprochenen, mit vielen (namentlich seemännischen) Fachausdrücken gespickten Deutsch. Mit selbigem wird der Binnenländer auf Nordseereise immer wieder konfrontiert, und dann ist es gut, nicht völlig unwissend dazustehen. Hier eine kleine Auswahl, speziell für eine Helgoland-Fahrt zugeschnitten:



helgo_061 Foto: pdh

**Kleine Auswahl für eine Helgoland-Fahrt**

| | |
|---|---|
| ● achtern | hinten |
| ● Back | 1. Vorschiff<br>2. Esstisch an Bord |
| ● Blanker Hans | 1. Nordsee auf poetisch<br>2. Hans Eichel |
| ● Deern | Mädchen (nicht herabsetzend) |
| ● dick | 1. neblig<br>2. bezecht |
| ● duhn | bezecht |
| ● dwars | quer(ab) |
| ● Dwarslöper | Querläufer (Schiff), scherzhaft für Krabbe |
| ● Feuer | leuchtendes Seezeichen |
| ● Heck | Schiffsende, Achterschiff |
| ● Kieker | Fernglas |
| ● Kimm | Horizont |
| ● Kinken | Bucht (Schlinge) in einer Leine |
| aus dem ... | außer Gefahr/Reichweite |
| ● Kliff | Klippe, Abbruch |
| ● klönen | sich gemütlich unterhalten |
| ● Klönschnack | das Hauptwort dazu |
| ● Köhm, Köm | Schnaps |
| ● Kümo | Küstenmotorschiff |
| ● Leine | Seil, Tau |
| ● Messe | Essraum an Bord |
| ● pottendick | sehr neblig |
| ● Pütz | kleiner Eimer |
| ● Ruder | „Steuer" eines Schiffes |
| ● Rudergänger | der Mann, der das Schiff steuert |
| ● Schapp | Schrank, Lade |
| ● Schluck | Schnaps |
| ● Schnack | Gerede, Unterhaltung, Redensart |
| ● schnacken | reden |
| ● See | Welle |
| ● Steuermann | der Offizier, der das Schiff navigiert |
| ● Tampen | Tau(ende) |
| ● Tonne | Boje |
| ● Waterkant | „Wasserkante": Küste |

**„Pottendick"**

„Wenn man bei Nebel im Küstengebiet
trotz Kieker und scharfem Blick
den eigenen Piepenkopp nicht mehr sieht,
dann sagt man, es ist pottendick."
(Küstenschnack)

# Wir sprechen „Helgoländisch“

**Urige Inselsprache**

Wem das obige Vokabular schon seltsam vorkommt, der wird die Helgoländer Inselsprache noch viel uriger finden. **Verstehen** dürfte der Uninitiierte vermutlich **kein Wort.** Denn „Helgoländisch“ ist kein Idiom, für dessen Verständnis einem Plattdeutsch – Hochdeutsch sowieso nicht – oder Englisch wesentlich weiterhilft. Obwohl man nach einigem Einblick doch die Verwandtschaft mit allen dreien erkennt. *Boppen* – nein, *das* heißt es nicht! – bedeutet „oben“, und inselbezogen ganz spezifisch „auf dem Oberland“. Das plattdeutsche Wort dafür ist *boven* oder *boben,* also gar nicht so weit entfernt. Ein *Stak* – Einzelfelsen – begegnet uns im Englischen dagegen als „stack“ wieder. Beim Helgoländer Motto „Rüm Hart – Kloar Kimming“ wird's aber schon vertrackter, denn es übersetzt sich als „Starkes Herz – Klarer Blick“. Und beim traditionellen Neujahrsgruß werden die meisten „Ausländer“ auch passen müssen, zumal der Schluss verdächtig chinesisch klingt: „Ik wensk di en freeliges Naidjooar, Sinhait, Glik en Seägen en dat et di altids wel gung mai“ – „Ich wünsche dir ein fröhliches Neujahr, Gesundheit, Glück und Segen, und dass es dir allezeit gut gehen möge“. Wer eine skandinavische Sprache beherrscht, wird noch viel mehr Ähnliches zutage fördern. So ließe sich in der Helgoländer Kiste endlos weiterkramen.

Überliefert ist, wie die im Alter von sieben Jahren 1914 von der Insel evakuierte *Mina Borchert* in einer Bremer Straßenbahn mit ihrer Mutter Helgoländisch sprach und beide als „englische Feinde“ des Wagens verwiesen wurden ... Dies alles bedeutet aber natürlich nicht, dass Helgoländisch immer nur von der Verwandtschaft, mit Einschluss der englischen, geborgt hätte. Es schöpft eben aus den gleichen **Quellen** wie der ganze westgermanische Sprachkomplex. Auf Helgoland ist wegen

## Der Helgoländer Hummer

Man hat es schon einmal totgesagt, dieses kuriose Schalentier, das zoologisch der Spinne näher verwandt ist als etwa einem Fisch. Er ist schon ein Unikum, der Hummer. Er hört mit den Beinen, schmeckt mit den Füßen, kaut mit dem Magen, ist hoffnungslos kurzsichtig. Wen sollte es da noch wundern, dass die Nieren dieses Urviechs hinter seiner Stirn stecken und das winzige Gehirn in Schlundnähe liegt?

Des Hummers Pech ist es, dass er bei aller äußerlichen Hässlichkeit himmlisch gut schmeckt. So kam es, dass man ihm auf den steinigen Böden um Helgoland, die er als Lebensraum schätzt, schon immer intensiv nachstellte. Über die Fänge gibt es noch Register aus alter Zeit. 1615 zum Beispiel waren 37.000 Exemplare in die Stellnetze gegangen, die damals die gängigen Fangapparaturen waren, bevor sie von Hummerkörben abgelöst wurden. Auch in späteren Jahren ist durchgängig von 40–50.000 Stück die Rede, im 18. Jahrhundert von 60.000, bis kurz vor dem 2. Weltkrieg gar bis zu 80.000 (Höchststand 1937: 87.014 Stück). Ein Großteil dieser Fänge ging gegen gutes Bares zum Festland, zum Teil bis nach London.

Wie so oft, grub sich auch bei dieser ergiebigen Quelle der Mensch selber das Wasser ab. Der Niedergang des Helgoländer Hummers begann mit der Verbetonierung der Inselküste vor dem 2. Weltkrieg, die die natürlichen Habitate sozusagen dicht zementierte. Die gewaltigen Sprengungen und Bombardements, denen die Insel danach ausgesetzt war, dürften dem Schalentier den Rest gegeben haben, und die darauf einsetzende, ständig zunehmende Verschmutzung der Nordsee tat ein Übriges. Auch vermutet man in der Überhandnahme von Taschenkrebsen („Kniepern") einen Rückgang der Hummerpopulationen – beide Arten scheuen vor Kannibalismus nicht zurück. Jedenfalls erholte sich der Hummerbestand nie mehr auf sein früheres Volumen. Heute spricht man von lachhaften Jahresfängen von 300 Exemplaren. Allerdings ist diese Ziffer von einem ziemlichen Grauschleier umwoben. Die Helgoländer Fischer sind nämlich gehalten, jeden erbeuteten Hummer für Naturschutz, Statistik und Steuer zu melden. Und da sie mit Bürokratie herzlich wenig am Hut haben, werden sie wohl so manches Panzertier hinterrücks in die Töpfe der Helgoländer Restaurants wandern lassen, wo es für 13,50 Euro pro 100 Gramm (einschließlich Zutaten) billigere (und, wie es heißt, weniger schmackhafte) irische, norwegische und kanadische Importe verdrängt.

Sollte es einen Silberstreif am Horizont geben? Mehr zu einer interessanten Entwicklung im Kapitel „Inselnatur".

Übrigens: Wenn ein Restaurant Knieper anbietet, dann hauen Sie rein, was das Zeug hält. Weil die Biester sich nämlich so explosionsartig vermehren, machen sie dem Hummer das Leben schwer. Je mehr der wohlschmeckenden Knieper heute dran glauben müssen, desto besser geht es dem (noch schmackhafteren) Hummer morgen, und desto billiger wird er letztlich. Zögern Sie auch nicht, die Finger beim Essen zu Hilfe zu nehmen, denn mit Besteck isst man sich an Kniepern (und Hummern) hungrig!

der isolierten Lage der Insel **viel altfriesisches Sprachgut** erhalten geblieben, das anderswo abgeschafft wurde, weil neuere Sprachen zeitgemäßer erschienen. Keineswegs auch sprechen die etwa 1650 Eingeborenen alle diese Sprache. Nur etwa ein Drittel meistert sie noch, und bestimmt nicht mehr so pur wie ehemals.

Doch Helgoländisch ist nicht zum Untergang verdammt. Im Gegenteil: Es wird als **Schulfach** (der 3. und 4. Klasse) auf der Insel künftig sogar einen höheren Stellenwert besitzen. Selbst Feriengäste können daran teilhaben: Die Helgoländer Volkshochschule bietet **Kurse** an. Internet-Info: www.nordfriiskinstituut.de.



## Essen und Trinken

**Keine spezifische Inselküche**

Eine spezifische „Helgoländer Küche" gibt es schon lange nicht mehr, denn Stock- und Salzfisch entzücken heute nur noch wenige Gourmets, und gegen geschmorte Lumme hat der Naturschutz etwas, vor allem seit ein wissenschaftlicher Rückblick ergab, dass die Inselfriesen in ihrer Gesamtheit der Nordseefauna im Lauf der Jahrhunderte schwersten, kaum wieder gutzumachenden Schaden zugefügt hatten. **Exzellentes Seafood** ist, einer Hochseeinsel angemessen, aber natürlich weiterhin führend auf den Speisekarten, wenn auch die Zutaten trotz Prädikat „fangfrisch" keineswegs direkt vor der Mole erangelt wurden, sondern von wenigen Ausnahmen abgesehen fast zur Gänze aus Cuxhaven, Wyk auf Föhr, Holland und Dänemark kommen. **Echt helgoländisch** ist dagegen der berühmte **Hummer,** heute noch ein rares Unikum, aber womöglich mehr werdend – es besteht Hoffnung (siehe Exkurs).

**Getränke**

Was Getränke angeht: Beginnen wir mit dem elementarsten, dem **Wasser.** Es wird auf Helgoland über eine Entsalzungsanlage aus der Nordsee gewonnen und ist einwandfrei zu trinken. Damit bereiteter Kaffee oder Tee haben keinerlei Nebengeschmack. **Tee** ist übrigens eine echte Spezialität auf der Frieseninsel und in den Teestuben mit bis zu 50 Sorten zumeist ein Genuss. Wenn er einem lieblos im Beutel serviert wird, hat man es mit dem falschen Wirt zu tun.

Und dann natürlich der **„Alk“**, der auf der zollfreien Insel so herrlich billig ist! Jeder Kurgast meint, dass die Leute an der Waterkant ständig mit der Knuffbuddel in der Tasche rumrennen und sich bei jeder Gelegenheit einen gönnen. Gegen die Kälte.

So ganz unrichtig ist das nicht. Vor zwei, drei Generationen waren die Halunder noch für ihre **Trinkfreudigkeit** berüchtigt. Das hat sich aber – außer in Einzelfällen – gelegt, wohl weil man jetzt fernsehen kann und nicht die Langeweile mit „Schluck“ bekämpfen muss. Außerdem ist es dort ja keineswegs dauernd kalt. (Der größte Teil des Juli 2006 war schon eher tropisch.) Zum anderen hat sich offenbar herumgesprochen, dass habituelle Trunkenheit schlecht mit der Handhabung

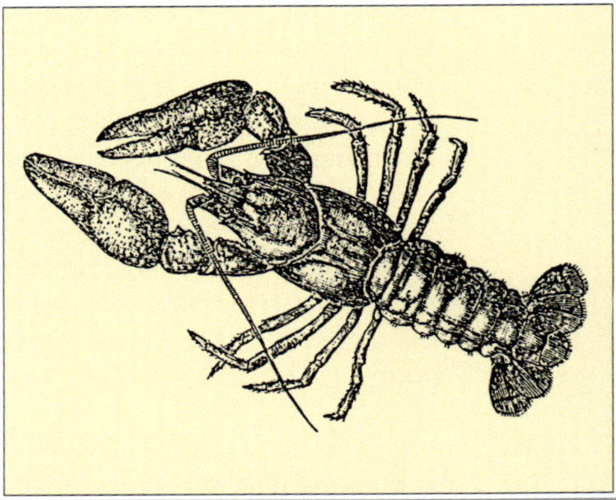

von Fährschiffen und -booten und überhaupt jeglicher Berufsausübung vereinbar ist, auch wenn manche Branchen anders darüber denken mögen. Und überdies hat die medizinische Forschung herausgefunden, dass **Alkohol** genau das **Gegenteil eines Kältekillers** ist. Der erste Schluck aus der Kömflasche vermittelt zwar ein wohliges, „wärmendes" Gefühl, wenn das Zeug den Schlund hinabrinnt und sich scheinbar bis in die hintersten Winkel verteilt. Doch sowie der Alk ins Blut gerät, bewirkt er eine Öffnung der Hautporen. Dadurch wird Körperwärme hinaus- und Umgebungskälte hineingelassen. Ergebnis: Man friert mehr als zuvor. Wer stark unterkühlten Personen Hochprozentiges einflößt, fördert diesen Prozess massiv, im Extremfall bis zum Exitus.

Aber nach einer deftigen Nordsee-Mahlzeit ist doch ein ordentlicher Schnaps erlaubt, nicht wahr? Zur Verdauung.

Auch hier verderben einem griesgrämige Eierköpfe wieder das Spiel. Alkohol verdünnt nämlich nicht das fette Essen, sagen sie, sondern die Säuren im Magen, die das Fett eigentlich zerlegen sollen. Dieserart geschwächt haben sie ihre liebe Not mit dem Job, ziehen ihn weitaus länger als erlaubt hinaus und lassen deshalb die Blutfettwerte ansteigen. Das bedeutet: Mehr Fettmoleküle werden in Depots eingelagert. Mit anderen Worten: Der Alk trägt zu Adipositas, vulgo Fettleibigkeit, bei.

Fazit also: Man genieße ihn, falls überhaupt, mäßig, nicht unmäßig, und auch nicht unbedingt regelmäßig.

Schmackhaft und selten: der Helgoländer Hummer

helgo_068 Foto: rh

Inselinfo A–Z

# Adressen

- **PLZ: 27498.** Es gibt noch einige weitere Postfach-PLZ, doch für Post an die Urlaubsadresse sollte immer die genannte Nummer angegeben werden.
- **Vorwahl: 04725.**
- **Kurverwaltung Nordseeheilbad Helgoland:** Lung Wai 28 (Rathaus), Tel. 8143-0, Fax 8143-28, E-Mail: info@helgoland.de. Allgemeine Informationen auch über www.helgoland.de.
- **Helgoland Touristik GmbH:** Adresse w. o., Tel. 813711 bis 13 oder 0180-5643737, Fax 813725, E-Mail: Zimmervermittlung@helgoland.de. Zuständig für allgemeine Auskünfte (ggf. komplette Urlaubsplanung), Buchungsfragen, Zimmervermittlung, Flug- und Schiffstickets, Karten für Veranstaltungen und Führungen u. v. a. m.
- **Fundbüro:** Rathaus, Tel. 80841. Offen Mo bis Fr 9–12 Uhr.
- **DRK-Station:** An der Landungsbrücke. Nimmt sich auch der von der bösen Seekrankheit Nachgebeutelten an.
- **Notruf Polizei:** 110
- **Notruf Feuerwehr/Rettung:** 112
- **Notruf Krankenhaus:** 8030

# Allgemeines

**Zeit- und Preisangaben**

Wiederholt wird nachstehend bei Zeit- und Preisangaben auf den **„Aushang“** verwiesen. Dies ist dann der Fall, wenn Termine und Programme nicht minutiös anberaumt, sondern immer erst kurz vorher festgelegt werden. Das ist doch schön

„Wehe nun jenem Unglücklichen, der jetzt noch (...) auf der Brücke erscheint. Grausamer, unbarmherziger Spott ist sein Loos, und ich werde jenen Mann nie vergessen, der einmal um zwei Minuten zu spät kommend, eine Reisetasche in der Hand und tiefe Wehmuth im Gesicht dem Capitän zurief: ‚Herr Captän, halten Sie an, ich bin aus Zwicke!‘, was maßlose Heiterkeit erregte.“

*Aus: „Von Hamburg nach Helgoland“, 1856*

– man reist ja in die Ferien, um mal nicht ständig auf die Uhr und auf den Kalender sehen zu müssen. Nur bei der Abfahrt der Fährschiffe gilt es ein wenig auf die Zeit zu achten, damit einem der Dampfer nicht vor der Nase wegfährt.



## Apotheke, Ärzte, Hospital

**Apotheke**

- **Lutz Neumcke:** Oberland (gleich an der Treppe), Tel. 7742.

**Ärzte**

- **Dr. med. Andreas Engelhardt:** Facharzt für Allgemeinmedizin, Naturheilverfahren, Badearzt. Aquariumstr. 182, Tel. 253. Mo, Di, Do 9–12 und 16–18 Uhr, Mi 9–12, Fr 9–13 Uhr.
- **Dr. Marieta Wogawa:** Prakt. Ärztin, Ernährungsmedizin. Spriin Goat, Tel. 800940. Nach Vereinbarung.
- **Klaus Wogawa:** Facharzt für Allgemeinmedizin, Psychotherapie, Badearzt. Norderfalm 328, Tel. 810018. Mo bis Do 9–12 und 16–18 Uhr, Fr 9–13 Uhr.
- Außerdem drei Ärzte in der Paracelsus-Klinik (s. u.).

**Zahnarzt**

- **Dr. Wagner:** Rekwai 402, Tel. 800790.

**Krankenhaus**

Die **Paracelsus-Nordseeklinik** (Invasorenpfad, Tel. 8030) hat eine allgemeinmedizinische und eine neurologische Abteilung (Spezialität: Parkinson-Kranke) und nimmt sich natürlich auch Notfällen an.

## Einkaufen

**Höhere Preise als auf dem Festland**

Dass die allgemeinen Verbrauchsgüter, also alles, was man so in den (kleinen) Helgoländer Supermärkten erwirbt, ein paar Prozentpunkte teurer sind als auf dem Festland, versteht sich von selbst, denn jede Pappschachtel muss ja per Schiff oder Flugzeug auf die Insel befördert werden. Deshalb sind die Preise für manche Waren bis zu 40 Prozent höher als auf dem Festland, was die insulare Lebenshaltung ganz schön verteuert. Ganz besonders euroträchtig sind Obst und Gemüse, dafür sind Bäckereierzeugnisse, weil aus eigener Produktion, recht akzeptabel bepreist. Auch bei anderen Lebensmitteln kann man mitunter Günstiges finden, man muss sich beim Einkaufen nur ein wenig Zeit lassen. Das gilt besonders für schicke Textilien, bei denen sich laut Info aus der Damenwelt manches Schnäppchen machen lässt.

**Zollfreigebiet**

Und apropos „Günstiges": Da Helgoland weiterhin Zollfreigebiet außerhalb der EU ist, können auf der Insel **unversteuerte Waren** eingekauft und entweder vor Ort konsumiert oder zum Festland mitgeführt werden. Die Mengen sind natürlich beschränkt. Sie werden geregelt durch die „Verordnung über die Abgabenfreiheit von Waren im persönlichen Gepäck der Reisenden vom 3.12.1974 (BG-B1.1/S. 3377)" und haben den folgenden Wortlaut:

helgo_072 Foto: kvh

## Zollbestimmungen

**Frei von Eingangsabgaben** sind Waren, die Reisende gelegentlich und ausschließlich zum persönlichen Gebrauch oder Verbrauch, für ihren Haushalt oder als Geschenk in ihrem persönlichen Gepäck einführen (Reisemitbringsel), im Rahmen folgender **Mengen- und Wertgrenzen:**

- **1. Tabakwaren:** 200 Zigaretten oder 100 Zigarillos oder 50 Zigarren oder 250 Gramm Rauchtabak. Als Zigarillos gelten Zigarren mit einem Stückgewicht bis zu 3 Gramm. Verschiedene Tabakwaren sind nebeneinander abgabenfrei, soweit sie insgesamt die Menge nicht überschreiten, die der abgabenfreien Zigarettenmenge entspricht.
- **2. Alkoholische Getränke:** 1 Liter destillierte Getränke oder Spirituosen mit einem Weingeistgehalt von mehr als 22 Vol.% oder 2 Liter destillierte Getränke oder Spirituosen oder Aperitife aus Wein oder Alkohol mit einem Weingeistgehalt von 22 Vol.% oder weniger oder 2 Liter Schaumwein oder 2 Liter Likörwein (sog. Dessertweine mit hohem Alkoholgehalt – z. B. Port-, Madeira-, Samos-, Sherry usw.), daneben 2 Liter sonstiger Wein.
- **3. Kaffee:** 500 Gramm Kaffee oder 200 Gramm Kaffeeauszüge oder -essenzen.
- **4. Parfüms:** 50 Gramm.
- **5. Toilettenwasser:** 1/5 Liter.
- **6. Sonstige Waren** mit Ausnahme von Gold, Goldlegierungen und -plattierungen (der Nr. 71.07 und 71.08 des Zolltarifs), bis zu einem Wert von insgesamt 175 Euro.

Es gelten folgende **Mengenbeschränkungen:**

- **1.** 1,5 kg **Butter.**
- **2.** 2,5 kg **Käse.**
- **3.** Insgesamt 5 kg **Fleisch** und Fleischwaren (einschl. Konserven).
- **4.** Insgesamt 5 kg bzw. 1 Tierkörper **Geflügelfleisch** und Waren aus Geflügelfleisch (einschl. Konserven).
- **5.** Insgesamt 2 Liter Obstwein, Honigwein (Met) u. Ä. **gegorene Getränke** sowie fertige Bowlen (z. B. Sangria, Ostfriesische Bohnensuppe).
- **6.** Insgesamt 1 Liter bzw. 1 kg **Früchte in Alkohol** (z. B. Rumtopf, Pflaumen in Armagnac).
- **7.** Insgesamt 5 Liter bzw. 5 kg andere **Agrarwaren** (z. B. Honig, Speiseöl, Margarine, Zucker, Marmelade, Fisch-, Gemüse- und Obstkonserven, Frucht- und Traubensäfte und -moste, Milcherzeugnisse).
- **8.** Insgesamt 3 Liter **Bier** und alkoholhaltige bierähnliche Getränke.



Günstige Einkaufsmöglichkeiten

**Nicht abgabenfrei** ist eine unteilbare Ware, deren Wert 175 Euro übersteigt (Schmuck- oder Kleidungsstücke, technische oder optische Geräte usw.).

**Die Eingangsabgaben werden vom vollen Warenwert erhoben.** Die Abgaben für Waren, welche die o. g. Freimengen überschreiten, erfragen Sie bitte beim Zollamt Helgoland, Tel. 304.

Alles klar? Wehe, da lacht jetzt einer!

## Fortbewegung

**Kaum Motorisiertes**

Auf Helgoland gibt es außer ein paar Not- und Baufahrzeugen und einer Anzahl von Elektrokarren nichts Motorisiertes. (Weshalb der Zoll einen dicken Einsatzwagen samt Blaulicht hat, muss man sich aber wahrscheinlich mal erklären lassen.) **Selbst Fahrräder sind nicht erlaubt, es gibt auch keinen Verleiher.** (Transitreisende können ihre Räder während eines Inselaufenthalts auf der Landungsbrücke deponieren; sie dürfen nicht benutzt werden!) Das gängige Fortbewegungsmittel sind mithin die Füße; die geringen Distanzen ermöglichen selbst insofern Schwachen die komplette Erkundung der Insel.

**Elektrotaxi**

Wer allerdings *ganz* schwach auf den Beinen ist, kann auch ein Elektrotaxi zu Hilfe rufen. Ein einziges gibt es auf der Insel, und es ist gut ausgelastet. Tel. 0171-9902929. Eine Tour, egal wohin, kostet 10 Euro.

**Elektrozug**

Außerdem existiert ein „Massenbeförderungsmittel“, nämlich ein kleiner Elektrozug nach Art jener in Kinderparks, etwas großspurig **„Inselbahn“** genannt und mit Abfahrt vom Fallersleben-Denkmal.

Urig: die Helgoländer „Inselbahn“

helgo_075 Foto: rh

(Genaue Zeiten und Preise im dortigen Aushang.) Mit ihm werden die **Sehenswürdigkeiten der Insel** abgeklappert. Man kann 40 oder 60 Minuten mitfahren, im letzteren Fall erklimmt das Bähnle im mühsamen Schleichtempo sogar das Oberland. Sicherlich ließe sich das Programm auch locker per pedes bewältigen. Die Inselbahn ist halt etwas für fußmüde Leutchen oder solche, die aus Gewohnheit partout nicht auf Beräderung verzichten wollen. Und sogar im Internet ist sie vertreten: www.helgolandbahn.de.

**Dünenfähre**

Nicht vergessen darf man auch die Dünenfähre, die **von der Landungsbrücke** in ein paar Minuten **zur Düne** hinübertuckert und sich das ganz schön happig bezahlen lässt. Nämlich 2 Euro für die einfache Fahrt und das Doppelte für die Hin- und Rücktour. Im Sommer fährt das Boot, ein Katamaran mit Verdeck, etwa im Halbstundentakt, im Winter weniger oft. Fahrpläne hängen an der Landungsbrücke aus.

**Fahrstuhl**

Und natürlich zählt zur Sparte „Fortbewegung“ auch der Fahrstuhl, mit dem man sich die etwa 40 Meter **aufs Oberland** (das hier „Falm“ heißt) hieven lassen kann und dieserart die Mühe spart, 184 Treppenstufen unter die Füße zu nehmen. (Auch eine Straße führt hinauf. Der „Invasorenpfad“ beginnt unmittelbar vor den Hummerbuden.) Der Fahrstuhl befindet sich am bergseitigen Ende des Lung Wai, gleich neben der Treppe (siehe Inselkarte), und er kostet etwas. Öffnungszeiten im Aushang. Achtung – der Fahrstuhl ist nicht 24 Stunden in Betrieb! **Preise:**

- Einzelkarte: 0,55 Euro
- Versehrte, Einzel: 0,25 Euro
- Hin- und Rückfahrt: 0,85 Euro
- 12er Karte: 3,80 Euro

helgo_077 Foto: rh

# Führungen und Rundfahrten

**Boots-rundfahrt** Informationen kann man sich gleich auf der Landungsbrücke einholen. Einmal per **Börteboot** an Felsen und Düne vorbei kostet 7 Euro pro Person. Bei stürmischer See findet die Tour natürlich nicht statt.

Für den schmucken **Oldtimer „Astarte"** muss man etwas mehr anlegen: 500–600 Euro (Bootscharter) für eine 3-stündige Tour. 20 bis 25 Paxe können teilnehmen. Info: Tel. 0172-4320126.

**Bunker-führung** Eine Tour durch das verzweigte Tunnel- und Stollensystem in den Eingeweiden des Felsens. Mo–Sa 17 Uhr, So 13 Uhr. Kartenverkauf im Rathaus. 5 Euro pro Person. Nichts für klaustrophob Veranlagte.

**Hummer-aufzucht-station** Über Helgoland Touristik können sporadische Besichtigungen gebucht werden.

**Insel-führung** In der Saison Di 10 Uhr. Einzelheiten im Aushang und im Info-Kiosk auf der Landungsbrücke. Karten nur bei Helgoland Touristik im Rathaus.



Ein schmucker Oldtimer

**Natur-führung**

**Verein Jordsand** (Hummerbude 35, Tel. 7787). In der Saison häufige Touren sowohl auf der Hauptinsel (Lummenfelsen, Felswatt) als auch auf der Düne (naturkundliche Strandführung). Unentgeltlich, aber eine Spende für den Verein freut, da selbiger sich nur durch Mitgliedsbeiträge und freiwillige Beiträge finanziert. Termine im Aushang. Das Büro ist von März bis Oktober Mo bis Fr 13.15–16 Uhr in Betrieb.

Der Verein Jordsand, 1909 gegründet, hat sich dem Vogel- und Naturschutz verschrieben und betreut heute 21 Reservate in Hamburg, Niedersachsen und Schleswig-Holstein, zu denen auf Helgoland seit 1983 die NSG Helgoländer Felssockel und Lummenfelsen gehören. Mitglieder und Zivis sind als Vogelwärter tätig und führen unter anderem Seminare und Exkursionen für interessierte Teilnehmer durch. Die Zentrale befindet sich in Ahrensburg (Tel. 04102-32656).

**Ornitho-logische Führung**

Vom 15.3. bis 15.10. veranstaltet die **Vogelwarte Helgoland** jeden Di und Fr um 16.30 Uhr eine Führung, für Gruppen auch nach spezieller Vereinbarung. Spende.

## Gastronomie

**Rund 50 Gast-stätten**

Helgoland ist mit Speisestätten gut versorgt. Rund 50 Restaurants, Lokale, Kneipen und Imbisse sorgen für das leibliche Wohl der Gäste, und **für jedes Budget** ist etwas dabei. Im Winter schrumpft das Angebot stark zusammen, doch hungern und darben muss auch dann niemand, denn mindestens die Hälfte der genannten Oasen ist weiterhin in Betrieb, wenn auch zu eingeschränkten Zeiten.

Mehr als in anderen Bereichen kommt es bei der Restauration immer wieder zu **Veränderungen.** Ein Laden eröffnet hoffnungsvoll, doch schon nach der ersten Saison macht er dicht, weil das

Geschäft keine goldenen Berge einbrachte und sich als anstrengend erwies. Oder ein Name gefällt einem neuen Eigentümer nicht; dann wird umgetauft. Die nachstehende Liste wird durch Aktualisierungen regelmäßig auf den neuesten Stand gebracht, sie kann mit spontanen Änderungen (auch der kulinarischen Qualität) jedoch nicht immer Schritt halten, wofür Verständnis erbeten wird.

In der nachstehenden Gastronomieliste beziehen sich die Ziffern in Klammern auf die Verortung der Betriebe in der **Karte „Helgoland Gastronomie"**; die Liste ist alphabetisch geordnet.



## Unterland

**•atoll seafood/bistro seaside (22)**
Im atoll ocean resort, Tel. 8000.
Seinem Ruf als erstes Hotel am Platze kommt auch das Restaurant nach. Exquisite Seafood ist die Devise, von Fall zu Fall auch als Buffet. Unter anderem werden ausgesprochen edle Sachen aus Dorsch gezaubert. Oder wie wär's mit „Hummer in Kamillewürze"? Versteht sich, dass die Weinkarte ebenfalls Spitze ist. Und man kann sich die edlen Sachen sogar in die Fewo liefern lassen, denn das atoll unterhält einen Catering-Dienst. Bei schönem Sommerwetter sitzt man auch bevorzugt draußen und lauscht während des Dinierens der Kurmusik.

**•Bielefelder Hof (24)**
Lung Wai 43, Tel. 1230.
Restaurant mit gutbürgerlicher Küche und Fischspezialitäten. Beliebter Mittagstisch und feine Abendkarte. Schnellere Bedürfnisse befriedigt ein angegliederter Imbiss.

**•Bistro am Schwimmbad (32)**
Kurpromenade 4, Tel. 800725.
Schwimmen macht Hunger, und dann hat man's nicht weit. Kleine, preiswerte, gern auch vegetarische Gerichte zeichnen das Café aus.

**•Börtestube (17)**
Friesenstr. 56, Tel. 346.
Bar des Hotels Helgolandia. Maritime Atmosphäre. Spezialität: „Helgoländer Eiergrog".

**•Bunte Kuh (6)**
Hafenstraße 1013–18, Tel. 811343.
Das Motto der Kuh (fotogen!) ist klipp und klar: Essen & Trinken. Ersteres in Gestalt substanzieller Portionen, letzteres in Form raffinierter Cocktails.

**•Café Hinrichs (11)**
Siemensterrasse, Tel. 662.
Kaffee und Kuchen, bei schönem Wetter auch draußen.

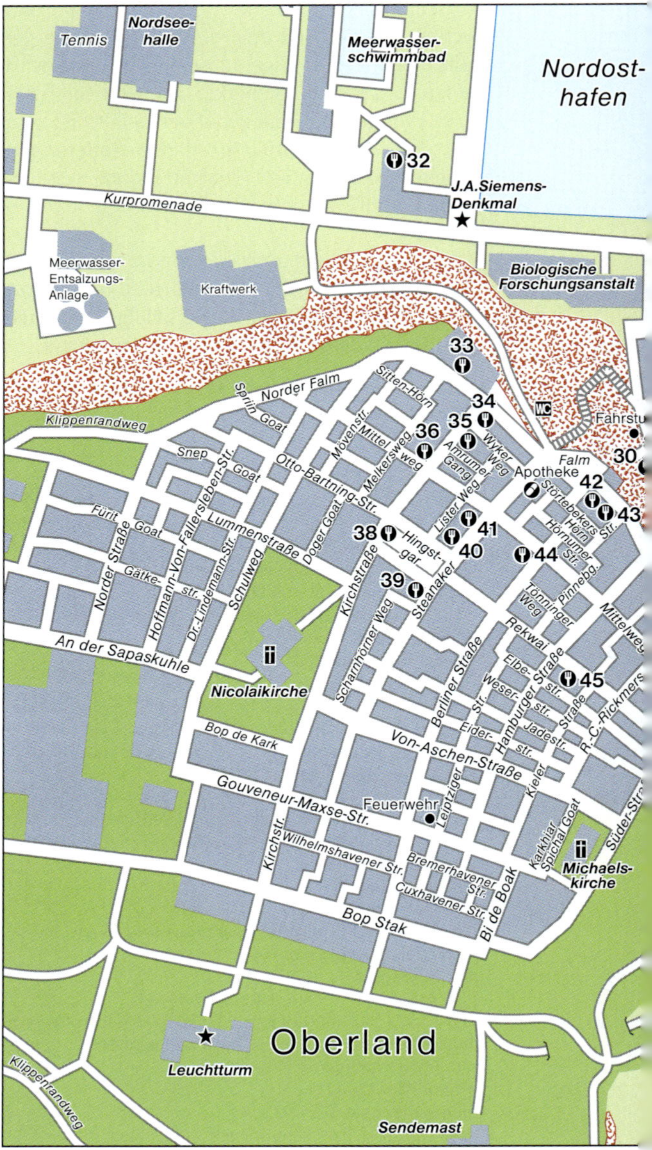
Tennis
Nordsee-halle
Meerwasser-schwimmbad
Nordost-hafen
32
J.A.Siemens-Denkmal
Kurpromenade
Meerwasser-Entsalzungs-Anlage
Kraftwerk
Biologische Forschungsanstalt
33
34
35
36
WC
Fahrstu
30
Norder Falm
Sitten-Hörn
Sprin Goat
Klippenrandweg
Snep Goat
Mövenstr.
Mittel weg
Melkersweg
Amrumer Gang
Wyker Weg
Falm
Apotheke
42
43
Otto-Bartning-Str.
Störtebekers Hörn
Hörnumer Str.
Lister Weg
41
40
44
38
Hingst-gar
Fürit Goat
Norder Straße
Hoffmann-Von-Fallersleben-Str.
Lummenstraße
Doger Goat
Gätke-str.
Dr.-Lindemann-Str.
Schulweg
Kirchstraße
39
Steanaker
Pinnebg.
Tönninger Weg
Mittelweg
Rekwai
An der Sapaskuhle
Nicolaikirche
Scharnhörner Weg
Berliner Straße
Elbe-str.
Weser-str.
Hamburger Straße
45
Jadestr.
Straße
R.-C.-Rickmers
Bop de Kark
Von-Aschen-Straße
Eider-str.
Kieler
Gouveneur-Maxse-Str.
Feuerwehr
Leipziger
Karkhiar Spichal Goat
Süder-Str
Kirchstr.
Wilhelmshavener Str.
Bremerhavener Str.
Michaels-kirche
Cuxhavener Str.
Bi de Boak
Bop Stak
Oberland
Leuchtturm
Klippenrandweg
Sendemast

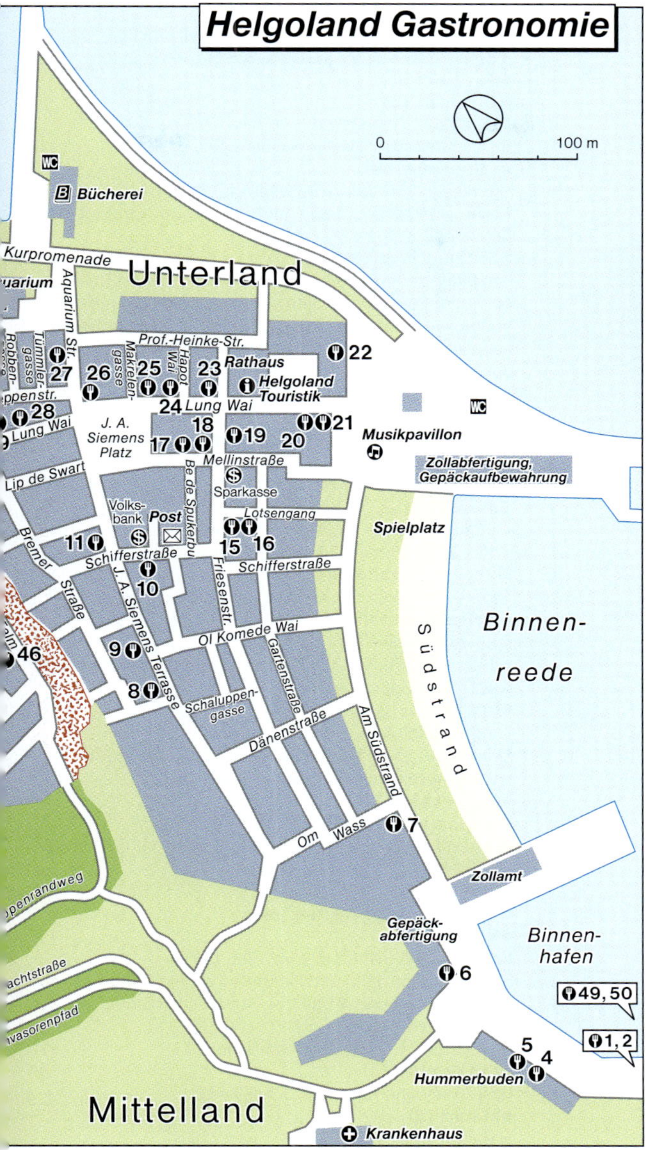
Helgoland Gastronomie
0
100 m
Bücherei
Kurpromenade
Unterland
Aquarium Str.
Prof.-Heinke-Str.
Rathaus
Helgoland Touristik
Lung Wai
J. A. Siemens Platz
Musikpavillon
Zollabfertigung, Gepäckaufbewahrung
Mellinstraße
Sparkasse
Lotsengang
Volks-bank
Post
Spielplatz
Schifferstraße
Bremer Straße
J. A. Siemens Terrasse
Friesenstr.
Ol Komede Wai
Gartenstraße
Schaluppen-gasse
Dänenstraße
Am Südstrand
Südstrand
Binnen-reede
Om Wass
Zollamt
Gepäck-abfertigung
Binnen-hafen
49, 50
1, 2
Hummerbuden
Krankenhaus
Mittelland
Lip de Swart
Be de Spukerbu
Hapot Wai
Makrelen-gasse
Tümmler-gasse
22 27 26 25 23 24 28 18 17 19 20 21 11 15 16 10 9 46 8 7 6 5 4

● **De Tiinerbuud (5)**
Eine der Hummerbuden, in der es schnelle fischige Sachen gibt. Teil davon ist die **Smuttebuud (4),** wo man (fast) dasselbe findet.

● **Düne-Süd (25)**
Lung Wai 41, Tel. 811031.
Restaurant-Bistro. Gutbürgerliches, Fisch.

● **Felsenkrug (30)**
Bremer Str. 235 (links vom Fahrstuhl), Tel. 7245.
Kleine gemütliche Kneipe mit Fassbier und „Original Helgoländer Eiergrog".

● **Fischräucherei (1)**
Am Binnenhafen (gleich nach den Hummerbuden).
Nicht nur Räucherfisch gibt's hier, sondern alles mögliche andere Maritime. Sehr gut und preiswert sind die Fischfrikadellen. Das Ganze zum Mitnehmen, man kann aber auch mit Hafenblick draußen sitzen, wenn die Sonne lacht.

● **Franky's Imbiss (21)**
Gleich vornan auf dem Lung Wai gegenüber dem Rathaus. Spezialität sind gute und preiswerte Eintöpfe, auch zum Mitnehmen. Franky stellt das Behältnis.

● **Galerie/Nordsee-Restaurant (7)**
Am Südstrand 2, Tel. 81410.
Gourmet-Oase im Hotel Insulaner, in dem feines Französisches und regionale Spezialitäten angesagt sind. Teil des Komplexes sind die intime Green Line Bar mit raffinierten Drinks und ein großer Wintergarten.

● **Helgoländer Fährhaus (19)**
Friesenstr. 58, Tel. 800633.
Bürgerliche Küche mit Fischspezialitäten, wöchentlich wechselnde Speisekarte.

● **Inselbäcker (23)**
Lung Wai, Tel. 420.
Diverses aus der insularen Backstube zu zivilen Preisen. Sogar hausgemachtes Knäckebrot gibt es hier!

● **Insel-Imbiss (26)**
Aquariumstr. 181, Tel. 7264.
Gute und preiswerte Speisenauswahl, nicht nur für den eiligen Esser.

● **Inselkrug (15)**
Friesenstr. 63. Gemütliches Lokal.

● **Knieper (29)**
Lung Wai 208 (nahe Fahrstuhl), Tel. 1293.
Bar-Bistro. Spezialitäten: Planter's Punch, O-Grad, Hummerkrabbenpfanne, Baguettes. Außerdem Internet.

● **Kochlöffel (31)**
Bremer Str. 235, Tel. 275. Schnellimbiss.

● **La Crevette (28)**
Lung Wai (nahe Fahrstuhl). Schnellimbiss.

● **Marina (2)**
Hafenstr. 1093, Tel. 1590.

Legende zu Karte auf Seite 80

## Restaurants

### Unterland

22 atoll seafood / bistro seaside
24 Bielefelder Hof
32 Bistro am Schwimmbad
17 Börtestube
6 Bunte Kuh
11 Café Hinrichs
5 De Tiinerbuud
25 Düne-Süd
30 Felsenkrug
1 Fischräucherei
21 Franky's Imbiss
7 Galerie / Nordsee-Restaurant
19 Helgoländer Fährhaus
23 Inselbäcker
26 Insel-Imbiss
15 Inselkrug
29 Knieper
31 Kochlöffel
28 La Crevette
2 Marina
10 Pinkus Eiergrogstube
8 Sansibar
4 Smuttebuud
27 Sonnenterrasse / Acci Café
20 Warsteiner Treff
16 Weddig's Fischerstube
18 Weddig's Fischhus
9 Windjammer

### Oberland

39 Atlantis
34 Café / Disco Krebs
40 Charly's Bierstübchen
45 Eiergrogstube / Halunder Weertskep
38 Moccastuben
44 Nautilus
42 Panorama
41 Störtebeker
35 Teestube
33 Terrassencafé Krebs ("Nathurnstak")
43 Westfalenschänke
46 Zum Hamburger
36 Zum Seehund

### Düne

49 Dünenrestaurant
50 Flughafenrestaurant "Flugi"

Restaurant, Pizzeria und Bistro. Wird wegen seiner Hafenlage vor allem von Seglern und Cat-Paxen frequentiert.

● **Pinkus Eiergrogstube (10)**
Schifferstr. 67, Tel. 811374.
Man muss nicht lange rätseln, was hier serviert wird. Es gibt aber auch jede Menge andere Getränke.

● **Sansibar (8)**
Siemensterrasse.
Restaurant mit Bar. Bürgerliche Küche, prima Eintöpfe. Man kann auch draußen sitzen.

● **Sonnenterrasse/Acci Café (27)**
Aquariumstraße, Tel. 1229.
Kaffee und Kuchen, kleine Gerichte.

● **Warsteiner Treff (20)**
Lung Wai 23, Tel. 813131.
Gemütliche Bar. Teil des Seehotels, nur ein paar Schritte von der Landungsbrücke entfernt.

● **Weddig's Fischerstube (16)**
Gartenstraße, Tel. 7235.
Hier gibt's Seafood, klar, und zwar liebevoll zubereitet in behaglich-maritimer Umgebung.

● **Weddig's Fischhus (18)**
Friesenstr. 56, Tel. 346.
Restaurant im Hotel Helgolandia. Gutbürgerliches und Fischspezialitäten aller Art, Helgoländer Hummer und Knieper.

● **Windjammer (9)**
Siemensterrasse. Kneipe und Gaststätte.

## Oberland

● **Atlantis (39)**
Steanaker.
Restaurant. Bürgerliche Küche mit Fischspezialitäten.

● **Café/Disco Krebs (34)**
Am Falm 321, Tel. 7734.
Inmitten eines historisch ausgeschmückten Ambientes kann man hier hausgemachten Kuchen zum exzellenten Tee genießen oder sich bei gutem Wetter auf die gegenüberliegende Sonnenterrasse verholen. Von Do bis Sa gibt es abends derbe Küche mit Eintöpfen und Bratkartoffeln. Später (täglich ab 20 Uhr) geht das Programm dann weiter in der Disco im Obergeschoss.

● **Charly's Bierstübchen (40)**
Steanaker 364, Tel. 640895.
Nicht nur Bier gibt's bei Charly, sondern im Restaurant auch etwas Ordentliches zu essen.

● **Eiergrogstube/Halunder Weertskep (45)**
Reckwai 419, Tel. 811342.
Lokal kombiniert mit Wirtschaft. Außer Drinks bürgerliche Küche und Fisch.

● **Moccastuben (38)**
Hingstgar 447, Tel. 1253.

Teil des gleichnamigen Hotels. Bar, Bistro und Restaurant mit deutscher und französischer Spitzenküche und erlesenen Weinen. Spezialität: Langusten und Helgoländer Hummer aus eigenem Bassin, Knieper.

**•Nautilus (44)**
Mittelweg, Ecke Berliner Straße.
Restaurant und Kneipe in einem.

**•Panorama (42)**
Am Falm 313, Tel. 81330.
Restaurant. Teil des gleichnamigen Hotels. Heimische und internationale Küche. Man speist, nomen est omen, mit prächtigem Blick über Düne, Reede und Hafen.

**•Störtebeker (41)**
Steanaker 365, Tel. 622.
Restaurant. Die E-Mail-Adresse sagt einiges über diese „historische Gaststätte" aus: Knoblauch@Restaurant-Stoertebeker.de. Leckere Fischgerichte, nicht unbedingt immer mit Knobi, und Helgoländer Hummer gibt's hier, die lebend einem speziellen Becken entnommen werden.

**•Teestube (35)**
Kirchstraße.
Restaurant-Café mit feinen Sachen aus eigener Produktion.

**•Terrassencafé Krebs (Nathurnstak) (33)**
Am Falm, Tel. 811163.
Teil des „Krebs-Komplexes", siehe Nr. 34. Internet.

**•Westfalenschänke (43)**
Am Falm 312, Tel. 81330.
Restaurant. Auch hier regiert Fisch das kulinarische Geschehen, und zwar in reichlicher Auswahl und auf diverse Zubereitungsarten. Natürlich fehlt auch der Hummer nicht, und im Winter hat's Kräftiges wie Wild und Grünkohl.

**•Zum Hamburger (46)**
Am Falm 304, Tel. 811190.
Restaurant. Ja, Restaurant und nicht etwa ein Frikadellen-Imbiss, auf den der Name deuten mag. Seit über 30 Jahren gibt's im „Hamburger" bereits Gourmet-Gerichte, vor allem exzellente Seafood-Gerichte.

**•Zum Seehund (36)**
Kirchstraße, Tel. 811111. Fischgerichte, Pizzaservice.

## Düne

**•Dünenrestaurant (49)**
Südstrand, Tel. 544.
Was die Nordsee auch in relativ geschützten Winkeln anzurichten vermag, hat sie am Dünenrestaurant sehr anschaulich demonstriert. Seit den fünfziger Jahren purzelte der Bau nach Stürmen, die seine Fundamente unterhöhlten, zweimal in die Fluten. Der große, z. T. offene Komplex mit weiter Terrasse ist mithin schon der dritte seiner Art, was ein wenig zu seinem Reiz beiträgt, zumal man heute völlig sicher in ihm aufgehoben ist (sofern nicht gerade das Auge eines Hurrikans über ihn hinwegtobt). Das Restau-

helgo_086 Foto: rh

rant nimmt sich der Beköstigung fast alles sich auf der Düne Bewegenden an - und das kann ganz schön viel werden! Deshalb gibt's jeden Di „Eintopf satt", und an anderen Tagen wird gegrillt, die „Riesenpfanne" geschwungen oder zur Barbecue-Party geladen. Das Dünenrestaurant ist nur in der Saison geöffnet.

● **Flughafenrestaurant Flugi (50)**
Tel. 7701.
Alles für den kleinen und großen Hunger der Flugpassagiere, aber auch aller anderen Dünenbesucher, und gar nicht so teuer.

Eine palmengeschmückte Karawanserei

## Gepäckdienst

Natürlich kann man von keinem Kurgast verlangen, sein schweres Urlaubsgepäck wg. mangelnder Kraftfahrzeuge bis zu seiner Herberge, womöglich gar aufs Oberland zu schleppen. Dieses Problem lässt sich umgehen, indem man es schon daheim **per Postexpress** (Tel. 01805-2711) oder **per Bahnfracht** (Tel. 01805-4884) bis zur Urlaubsadresse aufgibt. Kostet natürlich eine Kleinigkeit (ungefähr den Gegenwert eines neuen Koffers). Auf der Insel befindet sich die Gepäckaufbewahrung an der Landungsbrücke, offen täglich 11–16 Uhr; dorthin wird die Bagage von den Schiffen automatisch verfrachtet und kann dort abgeholt werden. Umgekehrt lässt sich Gepäck täglich von 10–10.30 Uhr in der Gepäckhalle gegenüber dem Zollgebäude am Südstrand aufgeben. (Achtung: Der Zoll macht Stichproben, ob sich etwas Illegitimes in den Koffern befindet!) Am Besten überlässt man diese Aufgabe dem **Helgoländer Gepäckdienst** (Tel. 313) mit seinen Elektrokarren, der die Sachen von der Unterkunft abholt und auf Wunsch bis zum Wohnort weiterverfrachtet. Auch für die Beförderung von der Pier zur Herberge genügt ein Anruf. Transporte innerhalb des Inselbereichs kosten 3 Euro pro Gepäckstück.

**Vom Flugplatz** werden Passagiere und Gepäck per Kleinbus zur Anlegestelle gefahren, sofern man nicht auf der Düne verbleiben möchte. Zum Zeltplatz oder den Robinson-Bungalows (s. u.) sind es nur ein paar Schritte.

## Hunde

**Keine gern gesehenen Gäste**

Der Wauwi ist auf Helgoland nicht gern gesehen. Das erweist sich schon daran, dass die Steuer für eingeborene Hundehalter mit mehr als 250 Euro pro Jahr zu den höchsten der Republik gehört. Für besuchende Hunde gilt generell: Von den Kuranlagen haben sie sich fernzuhalten, und von der Düne (außer für Transfers) ebenfalls. Überall sonst herrscht **strikter Leinenzwang.** Würste sind vom Hundehalter zu entfernen. Zuwiderhandlungen werden mit empfindlichen Geldbußen geahndet – Sheriffs sind unterwegs!

Man beachte schon vor der Anreise, dass viele Herbergen keine Hunde aufnehmen und kläre diese Frage unbedingt im Vorfeld ab.

## Internet

Im **Terrassencafé Krebs** (Oberland, gleich rechts von der Treppe) befindet sich ein Münzautomat für Internet-Betrieb. Zwei Computer zum Surfen und Mailen stehen ebenfalls im Billardraum des **Bistro Knieper** (Unterland, am Fahrstuhl), täglich offen 11–24 Uhr, und einer in der Post. Dort ist es am günstigsten.

## Kinder

**Keine typische Kinderinsel**

Bei allen unbestreitbaren Vorzügen, die Helgoland hat – eine typische Kinderinsel ist das Eiland nicht. Allein die Vorstellung, auf der Klippenkante mit den lieben Kleinen spazieren zu gehen, wirkt beklemmend.

Aber halt: Wir haben ja die **Düne!** Von der kann man nicht herunterfallen, und sie bietet sich in Gestalt einer 0,7 Quadratkilometer großen Sandkiste dar, in der es für die Wichtel jede Menge Erlebnispotenzial gibt. Und um dem noch eins draufzusetzen, hat man dort sogar einen **Spielplatz** gebaut! (Es gibt aber noch zwei weitere auf der Hauptinsel, und zwar einen bei der Schule und einen weiteren bei der Landungsbrücke, klein, aber mit richtigem Sand.)

Übrigens: Mitte Februar ist (auf der Hauptinsel) immer große **Kindermaskerade.** Aber dann hat's sich auch schon mit der Zwergenbespaßung.



helgo_089 Foto: kvh

# Kirchen

**Zwei Gotteshäuser**

Beide Kirchen befinden sich auf dem Oberland.

- **St. Nicolai (ev.)** ist jene mit dem spitzen Turm. Gottesdienst So 10 Uhr, im Sommer auch Mo, Di, Do, Fr Abendandacht. Jeden zweiten Mo zudem Gottesdienst auf dem Friedhof der Namenlosen (Düne).
- **St. Michael (kath.):** Heilige Messe So 10 Uhr, werktags 18 Uhr. Im Juli und August zusätzlich So 17.30 Uhr im Anlegergebäude auf der Düne.
- **„Abend bei Kirchens":** Gäste und Einheimische treffen sich zu einer ökumenischen Begegnung, und zwar: St. Nicolai am dritten Do im Juli und St. Michael am ersten Do im August.

Zahlreiche **weitere Programme** beider Kirchen von Mai bis September werden in einem jeweiligen Veranstaltungsblatt bekannt gegeben.

# Kultur

**Sommerprogramm**

Schon in der Vergangenheit war Helgoland Reiseziel zahlreicher berühmter Künstler, und daran hat sich prinzipiell wenig geändert. Bildende und darstellende Virtuosen ihrer Zunft beteiligen sich vor allem an einem jährlichen Sommerprogramm mit **Musik, Lesungen, Straßentheater, Vorträgen** und dergleichen sowie auch schöpferischen Ideen als „erlebbarer Kunst". Gäste dürfen zudem mit einem anspruchsvollen Konzertprogramm rechnen. Im Verlauf der Hauptsaison finden ca. 40 **Konzerte** und ein Chor-Workshop statt – von kultureller Unterversorgung also keine Spur.

Die evangelische Kirche St. Nicolai auf Helgoland

helgo_091 Foto: rh

## Polizei

**Notruf: 110**

Die Polizeistation befindet sich **am Südhafen,** Tel. 646, Notruf 110. Furchtbar viel zu tun hat sie nicht.

### James Krüss, 1926–97

Im Zeichen spezifisch Helgoländer Kultur kommt man am Namen des größten Inselsohnes *James Krüss* nicht vorbei. Seit eh und je war war es gängige Praxis auf Helgoland, und ist es zum Teil immer noch, dem Nachwuchs englische Vornamen zu verpassen, und der kleine *Krüss* erhielt deshalb auch einen. Die Kindheit auf Helgoland prägte ihn sein Leben lang, obwohl er schon vor dem 2. Weltkrieg eine alternative Heimat suchte – die neue Welt, die damals (und nach dem Krieg) auf Helgoland entstand, war nicht mehr die seine. *James Krüss* wurde im Besonderen durch seine von hintergründig-amüsanten Episoden durchwobenen Kinderbücher bekannt, die ihm zahlreiche Auszeichnungen, darunter das Bundesverdienstkreuz, eintrugen. Auch die Helgoländer Ehrenbürgerschaft erhielt er, obwohl ihm manche Halunder seine Abwanderung übel genommen hatten. Nichtsdestoweniger erwarb sich *James Krüss* als Lyriker und Barde seiner Geburtsinsel hohe Ehren. Der wohl hübscheste Vers aus seiner Feder bezieht sich nicht ohne Nostalgie auf Helgoland:

„Irgendwo ins grüne Meer
Hat ein Gott mit leichtem Pinsel
Lächelnd, wie von ungefähr,
Einen Fleck getupft: Die Insel."

Bezeichnenderweise verstarb *James Krüss* auf Gran Canaria, wo er sich bereits Mitte der sechziger Jahre niedergelassen hatte und ganz freimütig das wärmere Klima und Wasser pries. Er wurde jedoch vor Helgoland seebestattet, kam nach 71 Jahren also wieder dort an, wo er das Licht der Nordseewelt erblickt hatte. Mehr zu ihm auf www.james-kruess.de.

# Post

**(Zoll-) Postamt**

Das Helgoländer **Postamt** ist im Edeka-Markt angesiedelt und macht allein mit Ansichtskarten guten Umsatz. Alles was über ein schlankes Briefformat hinausgeht, muss jedoch über das **Zollpostamt** geleitet werden - man könnte ja, Gott behüte, Postschmuggel betreiben! Die Sendung muss deshalb offen eingeliefert werden, wird von streng blickenden Beamten inspiziert und mit einem grünen Zollsiegel versehen. Ein Ärgernis, vor allem, nachdem man auf dem regulären Postamt eine halbe Stunde in der Schlange gestanden hat und dann diese Nachricht erhält - die in den offiziellen Broschüren übrigens gar nicht verzeichnet ist. (Deshalb steht sie hier.) Aber man kommt nicht drum herum. Das bewusste Amt (Tel. 304) befindet sich am Südstrand 1 gegenüber dem Hotel Insulaner.

# Presse

**Keine Einschränkungen**

Die **Zeitschrift „Der Helgoländer“** erscheint monatlich und ist mehr etwas für die Insulaner. In der Reklame wird einem ein Gratisexemplar zum Probelesen angeboten. Der Autor erhielt keines. Ansonsten sind die **üblichen Medien** von „Bild“ bis „Spiegel“ vertreten, und sogar aus dem regionalen Blätterwald rauscht es bis nach Helgoland hinüber. Auch die Omi kann sich auf das Vorhandensein ihrer Schmonzetten verlassen, um im Inselurlaub zu verfolgen, wie es mit *Charles* und *Camilla* weitergeht.

Siehe auch „Veranstaltungen“.

# Ruhezeiten

**Von 12–14, 22–8 Uhr**

Von 12–14 und 22–8 Uhr ist es still auf Helgoland, aber auch wer außerhalb dieser Zeiten Remmidemmi macht, kann sich Ärger einhandeln. Lärmig geht es schon mal bei den Inselfeiern zu; dann gelten halt Ausnahmeregeln.

# Sport und Strände

**Angeln**

Man benötigt den üblichen **Fischereischein,** kann aber mangels dessen eine **Ausnahmegenehmi-**

helgo_094 Foto: rh

**gung** vom Ordnungsamt (im Rathaus, Tel. 80840) einholen, mit der man per Handangel von Land aus fischen darf. Die NSG (siehe entsprechende Karte) sind jedoch für Angler tabu.

Per kommerziellem Boot geht man auf Dorsch (Monate 4–9), Grundhai (7–9) und Makrele (6–9). **Ausfahrten** lassen sich bei den Fischern in den Hummerbuden **buchen.** Als da sind:

- **MB Atlantis:** Tel. 7285 oder 0171-1710274.
- **MB Claudia:** Tel. 0170-1636115.
- **MB Kormoran:** Tel. 7240.
- **MB Rasmus:** Hummerbude 4, Tel. 7863 oder 0172-7890258. Täglich 16.30 Uhr vom Binnenhafen (16.35 Uhr ab Düne).
- **MB Seeadler:** Tel. 1554 oder 0177-7613951.
- **MB Sellebrunn:** Tel. 0160-5553956. Täglich 17 Uhr ab Nordosthafen. Dieses Boot ist mit einem eingebauten Aquarium ausgerüstet, in dem die Fänge deponiert und nach eingehender Begutachtung und ausführlichen Erklärungen wieder ins Wasser gelassen werden – recht vorbildlich!
- **MB Uranus:** Tel. 0196-867192.

Ausfahrten sind natürlich wetterabhängig. Generell werden von allen Booten 8–12 Personen mitgenommen. Richtpreis: 15 Euro pro Kopf.

Nach Aussage von Sachkennern haben die Fänge in den letzten Jahren erheblich nachgelassen. Nach der Einrichtung weiterer Schutzgebiete und einiger Fangbeschränkungen in der Nordsee können Optimisten jedoch auf Erholung hoffen.

**Bolzplatz** Im Grünbereich des Mittellandes (hinter der Paracelsus-Klinik). Dort wird auch gegrillt und gepicknickt.

**Gymnastik** Von Mitte Juni bis Mitte September kann man sich an beiden Dünenstränden und im Schwimmbad unter Anleitung ertüchtigen. Die genauen Zeiten stehen im Veranstaltungskalender. Außerdem besteht die ganzjährige Möglichkeit, auf der zweiten Etage des Schwimmbadgebäudes Gymnastik zu treiben; eine großzügig bemessene Fläche von 300 Quadratmetern steht dafür zur Verfügung. Info: Tel. 800707.

**Schwimmen**

Helgolands Schwimmbad **mare frisicum** (außen und innen) befindet sich auf dem Nord-Ost-Gelände und wartet mit **beheiztem Meerwasser** (ca. 25° C) auf. Außerdem: Sauna, Sonnenduschen, Strandkörbe, Waschsalon. Ganzjährig in Betrieb genaue Öffnungszeiten im Aushang oder auf Anfrage. Info: Tel. 81460.

**Schwimmbad** (Preise in Euro):

| **Tarif** | **Erwachsene** (ab 16 J.) | **Kinder** (6–15 J.) | **Familien** (bis 5 Pers.) |
|---|---|---|---|
| „Guten Morgen Tarif" (2 Stunden) | 4,50 | 3,00 | 12,00 |
| Tageskarte (ohne Zeitbeschränkung) | 8,50 | 7,00 | 24,00 |
| „Endlich Feierabend" (2 Stunden) | 6,50 | 5,00 | 18,00 |

**Surfen**

An der Westecke des Nordstrands auf der Düne ist Surfen erlaubt, einen Verleih von Boards gibt es jedoch nicht. Wer unbedingt auf Helgoland surfen will, muss sein Brett also mitbringen – was ziemlich teuer ist (ca. halber Erwachsenentarif). Man rufe zuvor die Reederei zwecks Info an. (Eine weitere Möglichkeit ist natürlich, ganz hinzusurfen.)

helgo_200 Foto: rh

**Tennis**

Zwei Tennisplätze liegen etwas versteckt hinter der Nordseehalle (Museum). Gespielt werden kann täglich von 9–20 Uhr (Mo und Fr bis 18 Uhr), die Stunde kostet 10 Euro. Info über Tel. 1225, 0175-5621454 oder über das Büro von Helgoland Touristik.

## Strände

**Schwimmabschnitte**

Baden kann man **am Südstrand** neben der Landungsbrücke, aber der Sand ist bei Ebbe ein wenig schlickig, und das Wasser eignet sich eher zum Plantschen. Am Nordstrand, der die Insel (bei der JH) nach Norden hin beschließt, ist das Baden nicht erlaubt.

Ernsthaft gebadet wird **auf der Düne,** und zwar an jeweils einem schönen sauberen Strand im Süden und Norden des kleinen Eilands. Welchem Areal hier der Vorzug zu geben ist, liegt im Ermessen des Badegastes. Zelter und „Robinsone" (s. u.)

## Auf der Düne, anno 1855

Die Überfahrt nach der Düne geschieht in großen, der Badeanstalt gehörigen Booten. Man steigt an dem selben Platze ein, wo das Dampfschiff landete, und auf dem schmalen Steg, der zum Boot führt, bildet sich alle Morgen ein Gänsemarsch, der beim Aussteigen auf der Düne fortgesetzt wird und am Pavillon endigt, wo die Damen links und die Herren rechts sich nach den Bädern wenden.

Nach den Herrenbädern führt der Weg entweder über die Sandhügel oder um dieselben auf Brettern, die hier gelegt sind, damit man nicht im Sande zu waten braucht. Bei den Badekarren befindet sich eine Handtuchniederlage, in welcher sich Diejenigen, die keine eigene Badewäsche führen, gegen das Honorar von 1 Schilling damit versehen können. Wenn die Wagen alle besetzt sind, so macht man es wie die Studenten im Theater zu Leipzig und belegt den nächsten Platz mit seinem Handtuch, was hier eben so heilig respektiert wird wie dort.

Wer zum ersten Male in der See badet, wird einigermaßen in Verwunderung gesetzt, wenn er in kaum fußtiefem Wasser plötzlich von einer mannshohen Welle überfallen, unter günstigen Umständen zu Boden geworfen und mit den Beinen in der Luft an den Strand gespült wird. Glücklicherweise macht der weiche Sandgrund eine solche Fahrt weniger unangenehm als dies auf steinigem Boden der Fall sein würde. Man kriecht nun mit geschlossenen Augen und zur Belustigung der Anwesenden auf allen Vieren ein Stück landeinwärts, um erst wieder auf die Beine zu kommen und dann von neuem den Wellen entgegenzugehen. Die beste und bei den alten Praktikern beliebteste Stellung einer ankommenden Welle gegenüber ist die, dass man ihr den Rücken zukehrt, sich etwas bückt, die Hände auf die Knie stemmt und so den Schlag der Welle auf den Körperteil fallen läßt, der für Schläge bestimmt zu sein scheint. Die Woge stürzt dann wie ein brausender Wasserfall über den Kopf weg und man kommt auf der anderen Seite unversehrt wieder zum Vorschein.

Aus: „Von Hamburg nach Helgoland", 1856

werden wohl den Norden wegen seiner Nähe bevorzugen, andere den Süden, weil sich dort das freundliche Dünen-Restaurant befindet. An beiden Stränden halten sich immer wieder Seehunde

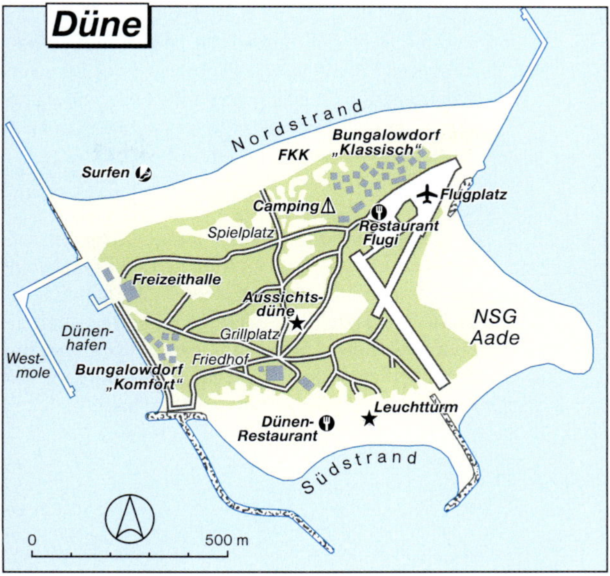




und Kegelrobben auf, namentlich in der östlichen Ecke des Nordstrands und oft auch mit ihren Jungen. Ihre Zahl kann hundert und mehr erreichen. Sie tun dem Menschen nichts, selbst wenn sie sich mal neugierig nähern. Aber stören sollte man sie auch nicht; man halte Distanz.

**In der Saison** (ab 1. Juni) sind beide Strände **bewacht.** Natürlich darf man auch zu jeder anderen Zeit baden, dann halt „auf eigene Gefahr", wie es so hübsch im Deutschen heißt. Ein Wächter ist täglich von 9.30–17 Uhr (im Juli und August bis 18 Uhr) vertreten und zeigt seine Präsenz durch das Hissen der DLRG-Flagge auf seinem Wachtturm an. Wird die See grob, zieht er einen roten Ball auf; dann sind Kinder und schwache Schwimmer gehalten, das Wasser zu verlassen. Bei zwei Bällen ist totales Badeverbot angesagt. Die roten

Bojen vor dem Strand markieren den Schwimmbereich, die weißen sind die Sperre für Wasserfahrzeuge. Beide werden immer wieder gern verwechselt, und plötzlich schwabbelt ein Segler zwischen den Schwimmern herum, während der Bademeister wie verrückt pfeift und wedelt ...

Strandsport: siehe „Gymnastik".

**FKK**

**Am Nordstrand** kann man in einem kleinen ausgeschilderten Bereich im Mittelteil sein Textil ablegen, muss es aber nicht. Generell gilt, dass alles erlaubt ist, was der Respekt gegenüber den Mitmenschen gebietet. Selbst am freizügigsten Strand möchte nicht jeder die Verdauungsendorgane seines Nächsten ständig vor der Nase haben.

helgo_100 Foto: rh

**Strandkörbe** Sowohl an beiden Dünenstränden als auch im Schwimmbad kann man Strandkörbe ausleihen. **Preise:**

- Tageskarte Mai und Sept.: 5 Euro
- Wochenkarte Mai und Okt.: 26 Euro
- Tageskarte Juni und Sept.: 5 Euro
- Wochenkarte Juni und Sept.: 31 Euro
- Halbtageskarte Juni bis Okt. (ab 15 Uhr): 4 Euro
- Tageskarte Juli und August: 6 Euro
- Wochenkarte Juli und August: 36 Euro
- Halbtageskarte Juli und Aug. (ab 15 Uhr): 4 Euro
- Saisonstrandkorb (übertragbar): 281 Euro



## Unterhaltung

**Büchereien** Literatur gibt's an drei Stellen einzusehen:

- **Gemeindebücherei** (am Nord-Ost-Hafen): Gute Ausstattung, man kann sogar Bücher mit nach Hause nehmen und von dort zurückschicken. Öffnungszeiten im Aushang.
- **Vertrauensbücherei der kath. Kirche:** offen 1.4. bis 30.9. tägl. 8–21 Uhr, 1.10. bis 31.3. tägl. 8.30–18.30 Uhr.
- Außerdem findet man im Anlegergebäude auf der Düne einen **Leseraum.**

**Helgoländer Inselfest** Die ganz große Sause findet alljährlich am **12. Juli** und in der Nacht auf den 13. statt: das **Helgoländer Inselfest und Tag des Seebäderdienstes.** Dann herrscht Narrenfreiheit auf der Insel, die sich in einen **Flohmarkt** verwandelt: Jeder, der ein Geschäftchen machen möchte, kann es an diesem Tage ohne Gewerbeerlaubnis und Steuervogt tun. (Bezahlen muss er aber trotzdem, s. u.) Mindestens ein Dutzend **Bands,** darunter einige von weither geladene, wumpfen dauerhaft gegeneinander an – die Ruhezeiten sind außer Kraft.

Jede Menge Strandeinsamkeit auf der Düne

Eine Pause tritt ein, nachdem die mindestens 5000 Tagesgäste, viele stark schwankend, die Insel verlassen haben. Doch schon um 22 Uhr rückt der nächste Schub an, der sich zollfrei amüsieren möchte. Ganze zwei Stunden lang. Dann wird auch dieses - noch etwas stärker schwankende - Kontingent wieder eingebootet, um sich an Bord noch einen Kleinen zu gönnen und um Punkt 24 Uhr einem prachtvollen **Feuerwerk** beizuwohnen, das auf dem Oberland abgebrannt wird. Gegen 3 Uhr kommt man dann heiter, aber ziemlich geschafft wieder auf dem Festland an. Die Reedereien (siehe „Anreise") erteilen Auskunft über Teilnahmemöglichkeiten, Parkplätze und Sonderzüge. Und falls jemand sich geschäftlich einklinken möchte: Das Standgeld beträgt 20 Euro pro Quadratmeter plus Müll- und Stromgebühren.

**Weitere Feste**

Weitere (etwas weniger aufwendige) Festivitäten sind:

- **Karneval** (Januar/Februar)
- **Tag der Freigabe** (1.3.)
- **Osterfeuer auf der Düne** (Ostern)
- **„Flagge zur Düne"** (Saisoneröffnung, 1.5.)
- **Nordseewoche** (Ende Mai)
- **Kirchweihfest St. Michael** (27.6.)
- **Fest der Freiwilligen Feuerwehr** (17.7.)
- **Gedenktag zur Deutschwerdung Helgolands** (10.8.)
- **Börteboot-Regatta** (2. Augustwoche)
- **Open Air-Festival der AFVGH** (Mitte August)
- **Kirchweihfest St. Nicolas** (1. Advent)
- **Silvesterparty** (31.12.)

**Filme**

Im **Terrassen-Café Krebs** laufen Di- und So-Abend Videofilme mit Helgoländer Themen.

**Heiraten**

Ist Heiraten unterhaltsam? Nun, davon wollen wir doch mal ausgehen. (Auch wenn manche Kandidaten auf der Insel sich noch grün vor Seekrankheit ihr, würg, Jawort geben und die Rückreise aufs Flugzeug verlegen.) **„Heiraten auf Helgoland" hat Tradition.** Denn bis zum Jahr 1900 genoss das Eiland einen Ruf à la Gretna Green. Man verzichtete auf das langwierige Aufgebot, und die Nationalität der Ehepartner spielte ebenfalls keine Rolle. Ein Papier des heimischen Standesamts will man zwar auch heute sehen, aber dann geht es sehr fix und unbürokratisch weiter. Die Kurverwaltung hat sich ein ganz besonderes Schmankerl für Ehewillige ausgedacht: Nach vorheriger Anmeldung (Tel. 80843) heißt die Standesbeamtin sie in der Hummerbude 38/39 willkommen und vollzieht in diesem urigen Ambiente – sogar Maiden in Helgoländer Tracht sind auf Wunsch in einem Paketangebot zugegen – die offizielle Zeremonie. Nicht ohne Symbolik: „Ehehafen" und so, und dahinter der trutzige, bleibende Fels. Das muss ja gut gehen!

Übrigens: Das **atoll ocean resort** (Tel. 8000) bietet von allen das wohl ausgefallenste **Hochzeits-Arrangement** an. Und zwar **auf dem Leuchtturm Großer Vogelsand** (in eigener Regie zu „atoll lighthouse" umgetauft, der alte Name ist aber viel schöner, außerdem handelt es sich um einen deutschen Leuchtturm), auf halber Strecke zwischen Cuxhaven und Helgoland einsam am Rand des Wattenmeers gelegen und unter anderem mit einer speziellen „Hochzeitskoje" ausgerüstet. Die Anreise erfolgt per Helikopter von Helgoland. Der Standesbeamte und einige Ehrengäste sind mit von der Partie; in einem gesonderten „Trauzimmer" wird die Trauung vollzogen, und dann geht's, heißa, in die rot befensterte Hochzeitskoje. Weitere neun Personen können in dem urigen Turm ebenfalls übernachten, und eine „Ansprechperson" ist auch da. Das Ganze kostet natürlich ein paar schnöde Euro, aber der nicht alltägliche Anlass sollte einem die kleine Extraausgabe schon wert sein.

**Konzerte**

Im Sommer wird im Musikpavillon an der Landungsbrücke jede Menge edle Kurmusik gemacht. Einzelheiten dazu im Veranstaltungskalender der Helgoland Touristik, im jeweiligen Aushang und auf der Internetseite www.helgoland.de.

**Tanzen**

Das Tanzbein schwingen kann man an folgenden Stätten:

- **Acci Café:** Unterland, als Teil des Café Sonnenterrasse (Aquariumstr.). Bar mit Tanzmusik.
- **Bistro am Schwimmbad:** In der Saison jeden Do 20 Uhr „Damenwahl", Fr 20 Uhr allgemeines „Schwofen".
- **Nordseehalle** (Museum): Sporadische größere Veranstaltungen.
- **Tanzbar Bistro Krebs:** Oberland, gleich rechts von der Treppe, im Obergeschoss des Café Krebs. Lustige, sehr informelle Disco mit großartigem Ausblick in Richtung Düne. Halligalli mit Oldies und Top-Hits tägl. 20–4 Uhr.
- **Tanzdarbietungen** finden im Sommer auch auf der Landungsbrücke statt.

helgo_104 Foto: rh

# Unterkunft

**Rund 2000 Gästebetten**

Unter den rund 2000 Helgoländer Gästebetten ist **für jedes Budget** etwas dabei. Solange das Boot noch nicht voll ist, versteht sich. In Supersommern geschieht es schon mal, dass es überzulaufen beginnt. Dagegen sichert man sich am besten mittels einer frühzeitigen Buchung.

**Ruhig,** ein primäres Helgoländer Kriterium, sind sie durchweg alle. Schön ist natürlich ein Seeblick aus dem Schlafzimmer. Doch da man selbigen draußen 24 Stunden am Tag haben kann, sollte man nicht unbedingt viel dafür extra bezahlen. Auch Distanz ist kein verteuernder Faktor; auf Helgoland liegt ja alles in der Nähe. Wer sich an Lichtsmog stört, muss sich unbedingt erkundigen, ob ihm hochkerzige Strahler vor den Fenstern die Ruhestätte mit Lux überfluten – dann ist es nämlich aus mit der viel gepriesenen insularen Erholung. Fernseher findet man üblicherweise mehr als genug, und mitunter kommt es wohl schon mal vor, dass sie vom Nachbarzimmer hinüberdröhnen. Manche Klausen verzichten immer noch nicht darauf, den „Farb-TV" in der Ausstattung anzupreisen – ja, gibt's überhaupt noch einen anderen? (Wirklich edle Herbergen, z. B. festländische Schlosshotels, zeichnen sich dadurch aus, dass es bei ihnen *keine* Glotze gibt; man kann sich bei dringendem Bedarf eine aufs Zimmer bestellen. So weit ist man auf Helgoland – mit einer einzigen Ausnahme – noch nicht.) Bei Hotels gern mal nach Sonderarrangements fragen. Vor allem außerhalb der Hauptsaison gibt es attraktive Angebote. Mehr zum Thema Unterkunft steht bereits unter „Unterkunft buchen", u.a. auch, wie die nachfolgend genannten Preise zu verstehen sind.

Das atoll ocean resort ist das Filetstück der Insel

Die hochgestellten Euro-Symbole im Buch gelten für die jeweiligen **Preisklassen:**

| | |
|---|---|
| € | bis 30 Euro |
| €€ | 30–50 Euro |
| €€€ | 50–70 Euro |
| €€€€ | 70–100 Euro |
| €€€€€ | > 100 Euro |

## Hotels und Pensionen

**Gastgeberverzeichnis**

Die nachstehende Auflistung der Unterkünfte entspricht der Reihenfolge im offiziellen Helgoländer Gastgeberverzeichnis. In ihm sind Hotels und Pensionen zusammengefasst, mitunter gehen die Kategorien wohl nahtlos ineinander über. Beide unterscheiden zwischen Unter- und Oberlandlage; die meisten oben gelegenen Häuser sind ein paar Prozentpunkte billiger. Pensionen gibt es nur ein gutes Dutzend, so dass die Wahl nicht schwer fällt, und ihre Preise liegen generell im Ein- bis Zwei-Euro-Symbolbereich.

In der nachstehenden Listung der Unterkünfte beziehen sich die Ziffern in Klammern auf die Verortung der Betriebe in der **Karte „Helgoland Unterkunft";** die Aufzählung erfolgt alphabetisch.

**Unterland**

- **atoll ocean resort**€€€€ **(5)**

Lung Wai 27, Tel. 8000, Fax 800444,
www.atoll.de

Helgolands Sahnestück wurde in einem Lifestyle-Magazin immerhin einmal zu den „40 aufregendsten Hotels der Welt" gezählt. Was macht das 1999 nach endlosem Genehmigungs-Hickhack fertig gestellte atoll zu solch einem (Eigenwerbung) „special event"? Es ist wohl die innovative architektonische Formgebung mit ihrem maritimen Ambiente, die der edlen Klause manchen internationalen Preis einbrachte, und nicht zuletzt auch die herausragende Lage an der Landungsbrücke, wo einst das altbacksche Kurhaus von 1959 gestanden hatte. Außerdem kann man sich als Gast nicht nur in die britische Kolonialepoche zurückversetzen lassen, weil fleißig Gebrauch von „Denglisch" gemacht wird, sondern auch in Kaisers Zeiten, indem man (im hoteleigenen Magazin) zwar nicht mehr als „Herr Kommerzienrat“ oder „Frau Landesphysicus“, aber immerhin als „Herr Selbstständiger“ oder „Frau Postangestellte“ tituliert wird - recht witzig!

● **Haus am Meer** €€ **(13)**
Am Südstrand 10, Tel. 81380, Fax 8138300, www.haus-am-meer-helgoland.de.
Hübsch gelegen mit Sicht auf die Binnenreede und die Grünanlagen davor. Man kann sich an einem gepflegten Frühstücksbuffet delektieren - aber Heilfasten ist auch möglich. Separates Apartment €€€ mit Seeblick.

● **Haus Aqua Marina** €€ **(15)**
Prof.-Heinke-Str. 183, Tel. 259, Fax 1470, www.aquamarina-helgoland.de.
Haus an der Kurpromenade, freudliche Atmosphäre, reichhaltiges Frühstücksbüfett.

● **Hotel Haus Dünenblick (garni)** €€ **(4)**
Prof.-Heinke-Str. 30, Tel. 81350, Fax 813525, www.hausduenenblick.de.
Freundliches Haus an der Promenadenseite unfern der Landungsbrücke, mit Blick auf das Meer, die Düne und den Bootshafen. Kinder willkommen.

● **Haus Hanseat** €€-€€€ **(9)**
Am Südstrand 21, Tel. 663, Fax 7404, www.hanseat-nickels.de.
Unmittelbar an der Landungsbrücke bietet das Hanseat abwechslungsreiche Ausblicke auf den Hafen, die Reede und das touristische Geschehen. Und wenn sich der Blick nach innen kehrt: Jedes Zimmer hat schöne Designermöbel zum Wohlfühlen. Von Nov. bis Feb. geschlossen.

● **Strandhotel Helgoland** €€ **(10)**
Am Südstrand 16–17, Tel. 81530, Fax 815355, www.strandhotel-helgoland.de.
Hervorgegangen aus dem Hotel Helgoland Schwan. Der Doppelkomplex ist aufwendig renoviert worden. Wer kein Zimmer mit Nordseeblick hat, kann sich auf der geräumigen seeseitigen Sonnenterrasse schadlos halten - sogar bei hausgebackenem Kuchen! -, aber nicht von Nov. bis Feb., denn dann ist das Strandhotel geschlossen.

● **Hotel Helgolandia** ***/€€ **(7)**
Friesenstr. 56, Tel. 346, Fax 811278, www.helgolandia.de.
Kleines und moderat bepreistes Hotel „im Herzen der Insel“. Angegliedertes Fischrestaurant und Bar Börtestube.

● **Hotel Hilligenlei** ***/€€ **(1)**
Kurpromenade 36, Tel. 81390, Fax 813950, www.hilligenlei.de.
Moderner Komplex in guter Lage am Wasser und gleich neben dem Aquarium. Nach Rabatten fragen.

● **Hotel Rickmers Insulaner** ****/€€€ **(17)**
Am Südstrand 2, Tel. 8141-0, Fax 814181, www.insulaner.de.

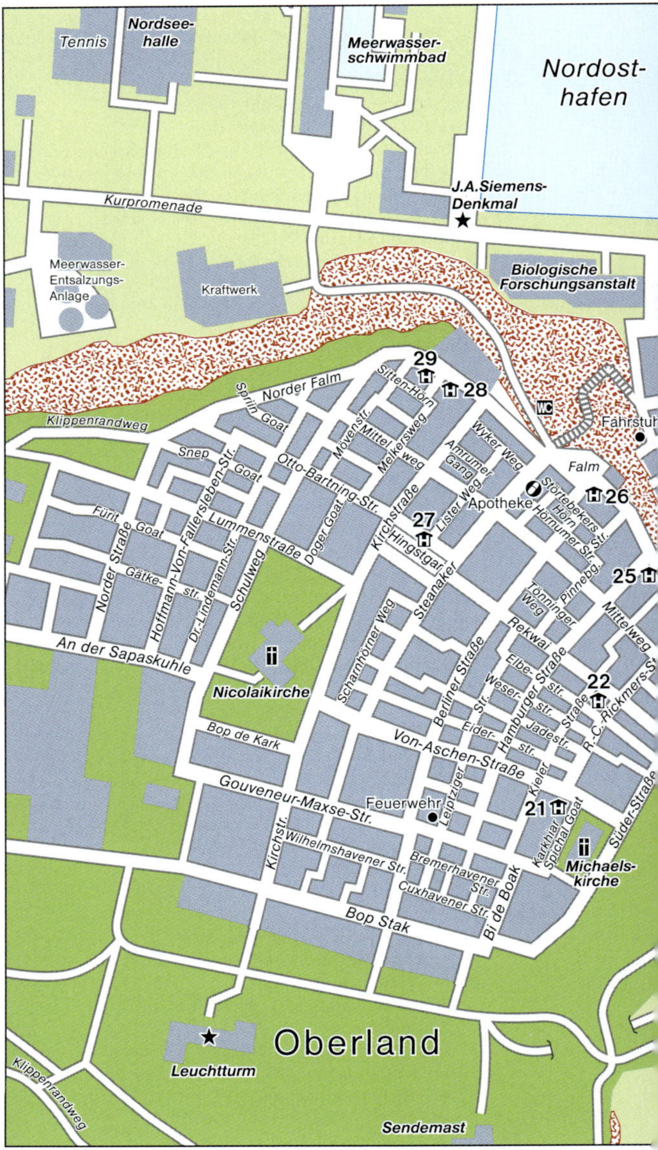
Tennis
Nordsee-halle
Meerwasser-schwimmbad
Nordost-hafen
Kurpromenade
J.A.Siemens-Denkmal
Meerwasser-Entsalzungs-Anlage
Kraftwerk
Biologische Forschungsanstalt
Klippenrandweg
Norder Falm
Sprin Goat
29
28
Sitten-Hörn
Mövenstr.
Mittel weg
Melkersweg
Wyker Weg
Amrumer Gang
Fahrstuhl
Falm
Snep Goat
Otto-Bartning-Str.
Apotheke
Störtebekers Hörn
Hörnumer Str.
26
Fürit Goat
Lummenstraße
Doger Goat
Kirchstraße
Lister Weg
27
Hingstgar
Norder Straße
Gätke-str.
Hoffmann-Von-Fallersleben-Str.
Dr.-Lindemann-Str.
Schulweg
Steanaker
Tönninger Weg
Pinnebg.
25
Mittelweg
An der Sapaskuhle
Nicolaikirche
Scharnhörner Weg
Berliner Straße
Rekwai
Elbe-str.
Weser-str.
Hamburger Straße
Jadestr.
Straße
22
R.-C.-Rickmers-St
Bop de Kark
Eider-str.
Von-Aschen-Straße
Gouveneur-Maxse-Str.
Feuerwehr
Leipziger
Kieler
21
Karkhiar Spichal Goat
Süder-Straße
Michaels-kirche
Kirchstr.
Wilhelmshavener Str.
Bremerhavener Str.
Cuxhavener Str.
Bi de Boak
Bop Stak
Oberland
Leuchtturm
Klippenrandweg
Sendemast

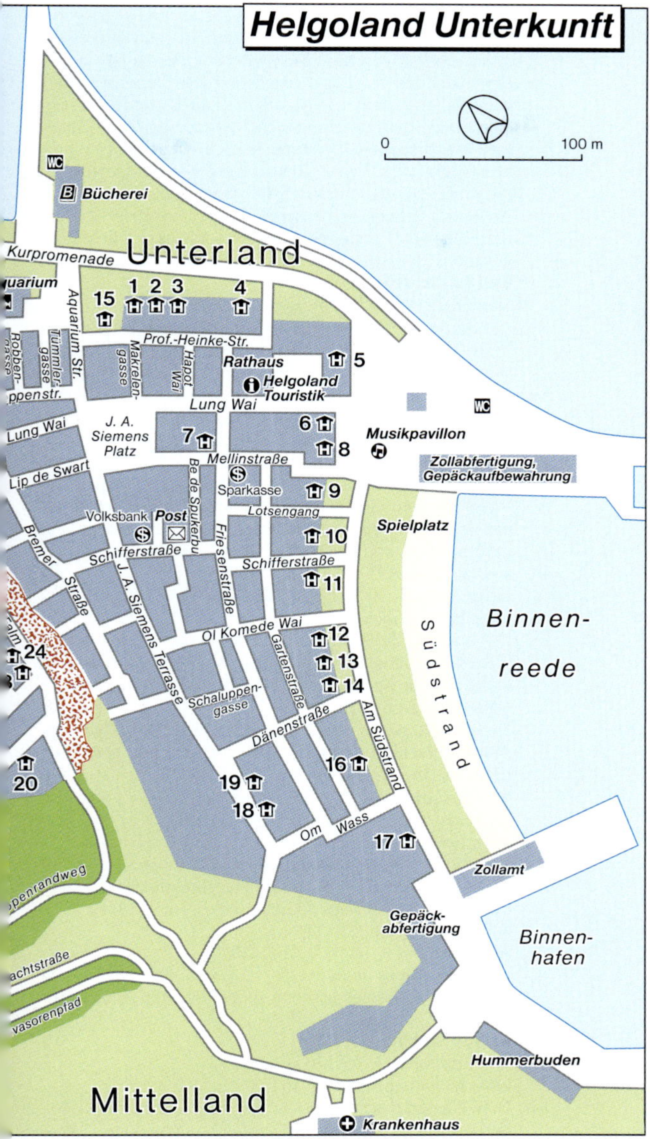


Inselinfo A–Z

Das Insulaner, im Besitz der alteingesessenen Helgoländer Reederfamilie *Rickmers*, ging aus dem urigen „Empress of India" hervor, von dem man wünschte, es stünde noch. Aber auch der Nachfolger hat seine vier Sterne wahrhaft verdient, allein durch seine schöne James-Krüss-Suite, benannt nach dem berühmten Dichter, dessen Neffe *Detlef Rickmers* der Hoteleigentümer ist. Schön auch der sattgrüne Hintergarten - gar nichts so Normales auf Helgoland; die pralle Vegetation mutet stellenweise fast tropisch an! Außerdem gibt es eine kuschelige „Wellness-Insel" und eine „Privat-Spa", sogar mit Seealgen darin, also jede Menge gesundes Thalasso, und ein hervorragendes Restaurant.

- **Kumm Weer € (19)**
Siemensterrasse 128, Tel./Fax 378.
Auf den ganzen Klimbim mit Homepage und E-Mail kann Tante *Klüwer* gut verzichten und bietet in ihrem gemütlichen Pensiönchen seit eh und je unverdrossen ein preiswertes Ambiente an, das dem Namen des Hauses („Komm wieder!") alle Ehre macht. Von Nov. bis März geschlossen.
- **Hotel Miramar €€ (2)**
Kurpromenade 34, Tel. 660, Fax 1226,
www.miramar-helgoland.de.
Vielerorts sind Hotels dieses Namens klobige Großkomplexe. Dieses ist ein eher niedliches Haus, dazu kinder- und tierfreundlich, und unmittelbar am Wasser gelegen.
- **Haus Nickels €€ (3)**
Kurpromenade 33, Tel. 554, Fax 7494,
www.hanseat-nickels.de.
Der Nachbar des Miramar blickt ebenso auf See und Düne hinaus und bietet Zimmer und Apartments. Man fordere einen Hausprospekt an. Von Nov. bis Feb. geschlossen.
- **Haus Paulsen € (18)**
Siemensterrasse 127, Tel. 389, E-Mail: haus.paulsen@gmx.de.
Mit der Nachbarin Kumm Weer vergleichbar, gemütlich und ganzjährig geöffnet.
- **Haus Quisisana €€€ (8)**
Am Südstrand 22, Tel. 81300, Fax 813029,
www.hotelquisisana.de.
Komfort für Anspruchsvolle, sonnige Blumenterrasse mit Blick auf Nordsee und Hafen. Hausprospekt anfordern. Von Ende Okt. bis Mitte März geschlossen.
- **Hotel Rungholt €€€ (14)**
Am Südstrand 9, Tel. 372, Fax 1419,
www.helgoland-rungholt.de.
Moderne Herberge, daneben sechs Einheiten Apartments (Preise auf Anfrage).
- **Haus Seeblick €€ (12)**
Am Südstrand 11, Tel. 385, Fax 7403,
www.haus-seeblick-helgoland.de.
Dem Namen des Hotels ist nichts mehr hinzuzufügen. Außerdem kann man eine umfangreiche Sammlung Helgo-

länder Fossilien, alter Postkarten und Grafiken bewundern, bevor man es sich auf der hoteleigenen Sonnenterrasse bequem macht.

● **Seehotel** €€ **(6)**
Lung Wai 23, Tel. 81310, Fax 813118, www.seehotel-helgoland.de.

Legende zu Karte auf Seite 108

## *Hotels und Pensionen*

***Unterland***

- 5 atoll ocean resort
- 13 Haus am Meer
- 15 Haus Aqua Marina
- 4 Haus Dünenblick
- 9 Haus Hanseat
- 10 Strandhotel Helgoland
- 7 Hotel Helgolandia
- 1 Hotel Hilligenlei
- 17 Hotel Rickmers Insulaner
- 19 Kumm Weer
- 2 Hotel Miramar
- 3 Haus Nickels
- 18 Haus Paulsen
- 8 Haus Quisisana
- 14 Hotel Rungholt
- 12 Haus Seeblick
- 6 Seehotel
- 11 Stadt Hamburg
- 16 Hüs Weeterkant

***Oberland***

- 22 Haus Atlantis / Oelrichs
- 25 Haus Bolzendahl
- 20 Falmhotel
- 28 Haus Felsen-Eck
- 21 Aparthotel Hanseatic
- 24 Hotel Meeresblick
- 27 Hotel Mocca-Stuben
- 26 Hotel und Restaurant Panorama
- 29 Haus Rooad Weeter
- 23 Zum Hamburger

Familiäre Betreuung gibt es hier und außerdem günstige Pauschal- und Sonderarrangements.

● **Hotel Stadt Hamburg (garni)** €€ **(11)**
Am Südstrand 15, Tel. 64060, Fax 640613.
Besonderer Clou: alle Zimmer „mit amtl. Telefon".

● **Hotel Hüs Weeterkant (garni)** €€ **(16)**
Am Südstrand 5, Tel. 8170, Fax 81717, www.weeterkant.de.
Auch hier hat man den Blick aus der ersten Reihe und ebenfalls ein amtliches Telefon. Hausprospekt anfordern. Attraktive Sonderpreise im Winter.

## Oberland

● **Haus Atlantis** €/**Oelrichs** € **(22)**
Kieler Str. 412, Tel. 81340, Fax 813430.
Relativ einfache („Duschgelegenheit") und entsprechend zivil bepreiste Doppelpension. Bei Direktbuchung gibt's im Oelrichs sogar einen speziellen Nachlass.

● **Haus Bolzendahl (garni)** € **(25)**
Am Falm 309, Tel. 619, Fax 7438.
Wie von allen Falm-Adressen hat man auch hier einen schönen Ausblick in die Ferne, und das zu fairen Preisen. Allerdings mit Etagen-WC und -dusche, und wer weniger als vier Tage bleibt, muss 2,50 Euro pro Bett draufzahlen.

● **Falmhotel** €-€€ **(20)**
Am Falm 302, Tel. 81400, Fax 814040, E-Mail: martens-helgoland@t-online.de.
Viel Rundblick zu günstigen (Anfangs-)Preisen.

● **Haus Felsen-Eck** €€ **(28)**
Norder-Falm 322, Tel. 234, Fax 7464, www.felsen-eck.de.
Da vergleichende Werbung jetzt statthaft ist, darf die „anerkannt schönste Lage" nicht unerwähnt bleiben. In der Tat liegt das Haus direkt am Felsenrand. Hat man da noch Bedarf für den angepriesenen „Farb-TV"?

● **Aparthotel Hanseatic** €€ **(21)**
Von-Aschen-Str. 585, Tel. 81480, Fax 814826, www.aparthotel-hanseatic.de.
14 komplett eingerichtete Apartments für 1–5 Personen. Sauna, Solarium, Fitnessraum.

● **Hotel Meeresblick** €€-€€€ **(24)**
Am Falm 305, Tel. 81490, Fax 814999, www.meeresblick-helgoland.de.
Nomen ist hier natürlich omen. Und „o sole mio" gibt es auch, denn das Haus ist deutsch-italienisch geleitet.

● **Hotel Mocca-Stuben** €€-€€€ **(27)**
Hingstgar 447, Tel. 666, Fax 7507, www.helgoland.de/hotel/mocca-stuben.
In diesem Traditionshaus gegenüber der ev. Kirche gab schon *Hans Albers* seine Seemannslieder zum Besten. Restaurant und Bar vorhanden; deshalb kann man auch mit HP oder VP logieren.

● **Hotel und Restaurant Panorama** €€ **(26)**
Am Falm 313, Tel. 81330, Fax 813333,
www.panoramahotel-helgoland.de.
Auch hier ist nomen omen; schon aus dem angeschlossenen Restaurant hat man einen großartigen Rundblick. Außer im November, denn dann ist das Panorama dicht. Das Haus bietet zudem „Vollgastronomie" an, ein Wort, an dem sich die Widersinnigkeit der reformierten st-Trennung zeigt.

● **Haus Rooad Weeter** €-€€€ **(29)**
Norder-Falm 323, Tel. 535, Fax 1495,
E-Mail: rooadweeter@t-online.de.
Vom Klippenrand hat man aus sonnigem, windgeschütztem Grün eine prächtige Perspektive nach Osten, der ein Dachgarten noch eins draufsetzt.

● **Zum Hamburger** €€ **(23)**
Am Falm 304, Tel. 811180, Fax 7440,
www.zum-hamburger.de.
Pension mit Essen à la carte (also nicht nur „Hamburger") im Restaurant.



## Privatzimmer

**Ab 15 Euro**

Im Unterland gibt es weniger als eine Hand voll dieser Kategorie und im Oberland ein gutes Dutzend, wobei die „oberen" wiederum durchweg etwas billiger sind: Dort findet sich schon etwas für 15 Euro, allerdings ohne Frühstück, dafür aber mit Benutzung der Teeküche, während der Rest um 20 Euro liegt.

## Apartments (Unter- und Oberland)

**Viele und günstig**

Diese Klasse von Herbergen macht die große Masse auf Helgoland aus. Hier muss man auch am sorgfältigsten, wie schon im Vorspann vermerkt, **auf Kleingedrucktes** („1. Belegungstag") **achten.** Hat man diese Hürden hinter sich gebracht, wird man bei Pro-Kopf-Umrechnung manche preislich recht günstige Bleibe finden. Versteht sich, dass man in Apartments nicht ein, zwei Tage bleibt, sondern dass hier von Wochen die Rede ist.

Die meisten Apartments sind ganzjährig beziehbar und bieten **außerhalb der HS** zum Teil substanzielle **Rabatte.**

## Jugendherberge (Unterland)

**Haus der Jugend**

Die JH Haus der Jugend (Nord-Ost-Gelände, Tel. 341, 9–12 Uhr, Fax 7467, www.djh-nordmark.de) liegt 15 Gehminuten vom Anleger entfernt, angenehm einsam inmitten von Dünen und mit einem richtigen Strand davor, allerdings nicht zum Baden. Das Oberland erreicht man über einen speziellen Treppenaufgang, den sog. Jägerstieg, ein paar Minuten entfernt. Das Haus hat 128 Betten, fünf Tagesräume und 14 Familienzimmer. Bis Juli 2009 wg. Renovierung geschlossen; sonst 1.4. bis 31.10. offen. Buchung unbedingt bestätigen lassen!

## Robinson-Bungalows

**Im Nordosten der Düne**

Im Nordosten und Westen der Düne stehen **kleine, individuelle Holzbungalows für zwei bis vier Personen,** insgesamt über 60 zumeist in freundliches Grün gebettete Einheiten, vom 1.5. bis 15.10. zur Vermietung bereit. In ihnen findet man einen Wohnraum mit gepolsterter Sitzecke (die auch als zusätzliche Schlafgelegenheit benutzt werden kann), einen separaten Schlafraum mit Einbaumöbeln für zwei Personen, eine Kleinküche mit zweiflammiger Kochplatte und Kühlschrank und eine Abstellkammer. Die Bungalows können elektrisch beheizt werden. Bettwäsche wird gestellt, Töpfe und Geschirr müssen jedoch mitgebracht werden. Toiletten und Wasserversorgung, Waschgelegenheit und Dusche befinden sich in einem zentralen Gebäude. Ein gutes Konzept. Statt überdimensionierter Apartments sollte es davon viel mehr ge-

Einsam gelegen: die Jugendherberge

helgo_115 Foto: rh

ben. Allerdings: Billig sind die Hüttchen auch nicht, alles andere sogar. Info: Tel. 811251 und 0180-5643737.

**Preise** pro Einheit für 2 Personen (begleitete Kinder bis 12 J. frei); HS 1.7. bis 31.8., VS/NS 1.5. bis 30.6./1.9. bis 15.10.:

- 1. Nacht: HS 72,00, VS/NS 57,00 Euro
- Jede weitere Übernachtung:
  HS 46,00, VS/NS 31,00 Euro
- Jede weitere Person über 12 Jahre:
  HS 8,00, VS/NS 8,00 Euro
- Bettwäschewechsel: 8,00 Euro

## Camping

**100 Stellplätze**

Der Helgoländer Campingplatz (Tel./Fax 7695) mit ca. 100 Stellplätzen befindet sich im Nordteil der Düne, gleich neben dem Flugfeld. Betriebszeit ist vom 1.5. bis 15.10. Vorsorglich wird darauf hingewiesen, dass Stellmöglichkeiten für Wohnmobile und Caravans nicht bestehen. Dafür hat man das Dünen- und Flugplatzrestaurant (mit Kiosk) in

## Ein nostalgischer Rückblick

In den fünfziger Jahren war es, im ersten Jahrzehnt der Wiederauferstehung Helgolands aus Ruinen, als mein Kumpel *Gerd* und ich dorthin eine Reise machten, um auf der Düne zu zelten. Alles andere war für uns unerschwinglich, ohnehin erst im Aufbau begriffen, und selbst die Campinggebühr kam uns Junggymnasiasten in jener kargen Zeit arg sauer an. Wir umgingen sie, indem wir unseren Standplatz andauernd wechselten, um dem gierigen Zugriff des Zeltvogts zu entgehen. Das erwies sich als ganz schön arbeitsintensiv, und auch ansonsten war unser Dasein auf der Düne ein freudloses. Es regnete fast ohne Unterlass, und da das Dach unseres porösen Zeltes wasserdurchlässig war und der Zeltboden nicht, hatten wir alsbald einen hübschen Pool in unserer Jurte. Wir kauerten uns auf halbwegs wasserfreie Inseln im Zelt und bekämpften die lausige Kälte mit einem Flachmann Rum – denn der hält ja warm. (Mehr zu diesem Irrglauben stand schon weiter oben im Buch.) Unter dem Strich bewirkte unsere Maßnahme allerdings nur, dass uns beiden Rum auf alle Zeiten verleidet bleiben sollte. Wir beschlossen bald wieder abzureisen, zumal der Zeltvogt uns dann doch noch erwischte und derb zur Kasse bat. Ein winziger Trost: Wir haben dieserart einen kleinen Beitrag für den Wiederaufbau Helgolands geleistet.

nächster Nähe, und zum Badestrand sind es nur ein paar Schritte.

Für die HS (1.7. bis 15.8.) sind Voranmeldungen (die schon im März oder April getätigt werden müssen) unumgänglich. In der VS/NS (1.5. bis 30.6. und 16.8. bis 15.10.) braucht nur bei mehr als drei Übernachtungen eine Bestätigung eingeholt werden. Gruppen von mehr als fünf Zelten erfordern zu jeder Zeit eine Anmeldung. Für das weiche Untergrundmedium sind Sandheringe von 25–30 Zentimeter nötig. Kinder und Jugendliche

Lustige Hüttchen: die „Robinson-Bungalows“

unter 18 Jahren dürfen nur in Begleitung von Eltern oder anderen Erziehungsberechtigten zelten.

**Gebühren** (pro Übernachtung):
- Zelte von weniger als 10 m² Bodenfläche: 5,20 Euro
- 10–16 m²: 6,20 Euro
- über 16 m²: 7,20 Euro
- Dauercamper (alle Größen, mind. 60 Tage): 5,20 Euro
- Personengebühr ab 12 J. (darunter frei): 3,10 Euro



## Veranstaltungen

Was auf Helgoland so los ist, kann man dem monatlich erscheinenden Veranstaltungsprogramm entnehmen, das bei allen öffentlichen Einrichtungen und bei den meisten Gastgebern gratis zur Verfügung steht.

helgo_117 Foto: rh

helgo_118 Foto: rh

Sehenswertes

**Die Insel als Ganzes**

**Wenig ist viel auf Helgoland.** Man kann nicht mit dem Finger auf etwas zeigen und sagen: „Das ist besonders sehenswert." Denn dieses Prädikat verdient die Insel nebst ihrer benachbarten Düne als Ganzes, und als solches muss man den Komplex auch in sich aufnehmen; es hat keinen Zweck, aus diesem Kuchen einzelne Rosinen herausbohren zu wollen. Wir wollen es aber trotzdem versuchen. Anschließend kann man den Kuchen ja wieder zusammenpappen.

**Aquarium**

Das Helgoländer Aquarium gehört zur Biologischen Anstalt (s. u.) und befindet sich nur wenige Schritte davon entfernt an der Ecke Kurpromenade/Aquariumstraße. In 19 großen Becken liegt das ganze Spektrum der **Nordseeflora und -fauna** vor dem Besucher ausgebreitet. Besondere Attraktionen sind das sog. Arenabecken mit (kleinen) Haien, Kabeljaus und Plattfischen.

- **Öffnungszeiten:** Das Aquarium ist von April bis Sept. Mo bis Fr 10–17 Uhr und Sa bis So 13–16 Uhr geöffnet.
- Der **Eintritt** beträgt für Erwachsene 2,60 Euro, für Kinder bis 16 J. 1,50 Euro, für Schülergruppen pro Person 1,00 Euro, für Gruppen ab 10 Erwachsenen pro Person 1,60 Euro.

**Biologische Anstalt**

Schon 1845 wurde auf Helgoland die Planktonforschung begründet, und zahlreiche Gelehrte fanden sich in den Folgejahren ein. Sogar Geistesriesen wie *Alexander von Humboldt* erweiterten auf der Insel ihren Horizont in Sachen **Meereskunde.** 1892 entstand die „Königliche Biologische Anstalt" und mauserte sich zu einer international bekannten Institution, um dann, im 2. Weltkrieg, zur Gänze den Bomben zum Opfer zu fallen. 1956 wurde an der Kurpromenade die Biologische Anstalt Helgoland (BAH) wieder ins Leben gerufen, die 1969 mit einem **Unterwasserlabor** in 23 Metern Tiefe östlich der Insel des öfteren Schlagzeilen machte. 1998 kam es zur Angliederung an das Alfred-Wegener-Institut für Polar- und Meeresforschung in Bremerhaven. Die Anstalt führt vor-

helgo_121 Foto: rh



nehmlich ökologisch orientierte Forschungen durch und hat mit Helgoland einen insofern idealen Standort. Möchte jemand Meeresforscher/in werden? Dann mal bei der BAH vorsprechen oder anklingeln: Tel. 8190.

**Bombentrichter**

Mehrere Krater fallen **auf dem Oberland** ins Auge. Es sind Bombentrichter aus der schlimmen alten Zeit. Nichts überragend Sehenswertes, aber es ist schon interessant zu wissen, um was es sich handelt.

**Fallersleben-Denkmal**

Den **Schöpfer der Nationalhymne** muss man in Stein gemeißelt gesehen haben. Man kommt auch gar nicht an ihm vorbei. Allen jenen, die von der Landungsbrücke in den Ort unterwegs sind, versperrt er sozusagen den Weg, um sich bewundern zu lassen (siehe Bild S. 150).

Bombentrichter auf dem Oberland

**Friedhof der Namenlosen**

Unbekannte Seeleute, die auf See „geblieben“ (ein weiterhin aktueller Begriff an der Küste) sind und auf Helgoland angetrieben wurden, fanden ihre letzte Ruhe auf der Düne. Die beiden Weltkriege machten ansehnliche Beiträge. Auf dem kleinen Friedhof kann man in stillem Gedenken verweilen oder an sporadischen Gottesdiensten teilnehmen (siehe „Kirchen“).

**Funkturm**

Schön ist es nicht, aber ganz schön eindrucksvoll, dieses **neuzeitliche Wahrzeichen der Insel,** das unter anderem dafür sorgt, dass alle Handynetze auf Helgoland problemlos funktionieren.

**Hummerbuden**

Ursprünglich waren die **bunten Holzhäuschen am Binnenhafen** Geräteschuppen der Fischer, und zum Teil sind sie es immer noch. Andere werden von Imbissen, Büros und Kleinkunstläden eingenommen, und sogar die Außenstelle des Standesamts, kombiniert mit jener des Inselmuseums, befindet sich dort (Nr. 38/39). Manchem Bauplaner sind die schlichten Hütten ein Dorn im Auge; dort könnte man doch auch etwas Besseres hinsetzen. Aber sie stehen unter **Denkmalschutz,** und dabei wird's auf lange Sicht wohl bleiben.

helgo_122 Foto: rh

Wer ein schönes, farbenfrohes Helgoland-Bild aufnehmen möchte, ist bei den Buden richtig, zumal auch fast immer ein paar motivbelebende Börteboote vor ihnen am Kai liegen. Zu bedenken ist vom fototechnischen Standpunkt lediglich, dass ab Mittag die Sonne generell hinter ihnen zu stehen beginnt und sich die Fassaden mithin im Schatten befinden.

**„Lange Anna“** Siehe den Punkt „Steilküste“.

**Leuchtturm (Düne)** Er steht mitten **auf dem Südstrand,** ist rotweiß geringelt und zeigt leider nicht mehr die Himmelsrichtungen an. Kein weltbewegendes Schaustück, aber als farbiger Hintergrund auf Fotos und insulares Symbol schlechthin macht sich das bunte Bauwerk immer gut.

**Leuchtturm (Insel)** Der 35 Meter hohe Leuchtturm **auf dem Oberland** überdauerte wundersamerweise sämtliche Bombardements und Sprengungen, denen die Insel ausgesetzt war – und das, obwohl er im Krieg als Flakleitstand fungierte! Heute lässt der zählebige, aber modernisierte Klinker-Veteran allnächtlich ein mächtiges Lichtkreuz aufflammen. Mit 30 Seemeilen (ca. 55 Kilometer) Reichweite ist dies das stärkste Leuchtfeuer der Deutschen Bucht. Obendrauf eiert ständig eine Radarantenne zur Überwachung der Schifffahrt. Eine Innenbesichtigung des Turms ist nicht möglich; es gäbe auch nichts zu sehen, zumal das Bauwerk schon seit langem nicht mehr bemannt ist und folglich keine Gerätschaften vorgeführt werden können.

**Lummenfelsen** Siehe dazu im Kapitel „Die Inselnatur“.



Unverzichtbar: Helgolands Hummerbuden

**Mineralien**

Faszinierende Funde kann man **an den Stränden der Düne** machen: Bernstein, rote Feuersteine („Flint", ein spezifisch Helgoländer Mineral, 80 Millionen Jahre alt) sowie auch Fossilien, namentlich von Seeigeln aus der Urzeit der Evolution. Man muss sich für die Suche allerdings einige Zeit nehmen. Auf der Aade, dem steinigen Nordostzipfel der Düne, liegen dafür ganze Berge von Kieseln und erzeugen beim Rollen in der Brandung sogar ein meditativ stimmendes Klangbild, das zwar alle Kiesstrände der Welt an sich haben, aber an der deutschen Nordsee als einmalig gilt.

Zum Thema „Fossilien und Geologie" kann man sich von **Hans Stühmer** (Tel. 1685) ausführlich informieren lassen. Manches von dem, was er zusammengetragen hat, ist in der Hummerbude 31 zu bewundern.

**Muschelmuseum**

In **„Uschis Muscheleck"** (Schifferstr. 71) sind diverse Conchylien aus aller Welt zu bestaunen, und zwar täglich von 13–16 und 19–21 Uhr. Manchmal gibt es sogar besondere Ausstellungen, die per Aushang an der Tür bekannt gegeben werden.

**Museum Helgoland**

Das Helgoländer Museum **(„Nordseehalle")** befindet sich an der Kurpromenade auf dem Nord-Ost-Gelände (unweit vom Schwimmbad). Gezeigt werden **Bilder und Objekte aus den letzten 150 Jahren der Inselgeschichte.** Recht lehrreich, dort mal die eine oder andere verregnete Stunde zu verbringen. Offen Di bis So 11–15 Uhr (HS, im Winter eingeschränkt), Gruppenführungen nach telefonischer Absprache. Von Mai bis September auch zweimal wöchentlich Abendveranstaltungen. Eintritt: Erw. 3 Euro, Kinder 1 Euro, Gruppen 1,50 Euro, Schulklassen 0,50 Euro pro Nase. Tel. 1292. Weitere Infos: www.museum-helgoland.de.

Das Museum unterhält einen kleinen Ableger in den Hummerbuden 38/39. Etwas für Eilige. Der Eintritt dort ist frei.

## Gold des Nordens

Schon zu Römerzeiten, wie gleich noch ausgeführt werden soll, war Helgoland als „Bernsteininsel" bekannt. Ob die Besucher aus dem Mittelmeerraum das Eiland aus diesem speziellen Grund angelaufen haben, ist nicht überliefert; wahrscheinlicher dürfte sein, dass sie um das felsige Gestade einen großen Bogen machten und das begehrte Fossilharz anderswo von den Eingeborenen erwarben.

„Stein" nennt sich die Substanz nur im Deutschen, und „Brennstein" ist die eigentliche Bedeutung des Wortes. Auf den holzarmen Inseln der Nordsee fand man das leicht entzündbare Material nämlich nützlicher zum Feuermachen als zur Schmuckherstellung, zumal die Brocken nicht selten von Brikettgröße und somit alles andere als rar waren. Das tat ihrer Beliebtheit in verarbeiteter Form jenseits der Inseln jedoch keinen Abbruch. Vor allem die Mittelmeervölker waren geradezu versessen auf das „Gold des Nordens" und zahlten hohe Preise dafür. Ein hübsches Schmuckstück aus dem Stoff brachte im alten Rom immerhin einen kompletten Sklaven ein. Für solche Margen konnte man schon mal auf Expedition in die legendenumwobenen Nebelländer gehen!

**Bernstein** ist das im glazialen Eis verhärtete Harz subtropischer Baumriesen, von denen es vor 40–50 Millionen Jahren hinabtropfte und vielerorts auf der Welt (keineswegs nur an Nord- und Ostsee!) riesige Lagerstätten bildete. Im hiesigen Bereich wurde es von den Gletschern der Eiszeiten aus der baltischen Region herantransportiert und in flachen Schichten abgelagert, aus denen die See auf den Nordseeinseln immer wieder individuelle Stücke freilegt. Ein Bernstein-„Brikett" im Sand der Düne zu finden, ist auch heute durchaus kein Ding der Unmöglichkeit, und so „kostbar" ist es auch wieder nicht, dass man es bei irgendwelchen amtlichen Stellen abliefern müsste.

Wie lokalisiert man Bernstein? Er ist spezifisch leicht, die Steine am Strand sind mindestens dreimal schwerer, und deshalb bewegt ihn das Wasser ziemlich mühelos. Am besten sucht man an der Tageshochwasserlinie danach, nicht unten am Spülsaum. Gute Chancen hat man bei ablandigem Wind, weil dann eine Unterströmung entsteht, noch bessere im Winter, wenn das kältere Wasser einen stärkeren Auftrieb bewirkt. Kleine, schwarze, wasserdurchtränkte Holzstückchen – so genannte Bernsteinstäbchen – sind ein verlässlicher Indikator, denn sie haben ungefähr die gleiche Dichte. Frohes Suchen!

**Schrebergärten**

Eine Kleingartenkolonie ist nicht unbedingt eine Sehenswürdigkeit, doch die von Helgoland ist es schon. Denn sie wirkt irgendwie deplatziert auf der Insel, zumal sie dicht an der Abbruchkante im Osten des Oberlandes liegt - die „Hängenden Gärten von Helgoland", sozusagen. Man sieht deshalb immer wieder Touristen in stummem Staunen vor den wohlbestellten Gärtchen verharren, in denen eine Menge Flora gedeiht, die in den Obst- und Gemüseläden der Insel viel Geld kostet. Für diese Eigeninitiative in Sachen Selbstversorgung ist den Insulanern hohes Lob zu zollen, und dass sie die Kurgäste nicht mal eine von ihren Erdbeeren kosten lassen, liegt wohl daran, dass sie selbst nur wenige haben. Vielleicht, wenn's so weiter geht mit dem Treibhauseffekt, wird man dort eines unfernen Tages aus Bougainvilleen- und Frangipani-Hainen heraus der Bananenernte beiwohnen können ...

helgo_126 Foto: rh

**Seenotkreuzer**

Helgolands zentrale Lage in der Deutschen Bucht bietet sich für die Stationierung des neuesten und größten Seenotrettungskreuzers der Deutschen Gesellschaft zur Rettung Schiffbrüchiger (DGzRS) geradezu an. Deshalb liegt die **„Hermann Marwede“,** ein dicker, zu unalltäglichen Fotos einladender Brocken von 404 Tonnen und satten 9250 PS Maschinenleistung, im Helgoländer Vorhafen in ständiger Bereitschaft - wenn er mal da liegt. Denn die Kreuzer der DGzRS laufen im Jahr rund 2500 Mal von Deutschlands Küsten aus, woran die „Marwede“ in ihrer vorgeschobenen Position nicht zu knapp beteiligt ist. Insgesamt haben die deutschen Retter seit 1865, dem Gründungsjahr der Gesellschaft, mehr als 70.000 Menschen aus Seenot gerettet. Jeder Kurgast, der die Helgoland-Route befährt, kann rein theoretisch einmal in eine Situation geraten, in der er auf die rotweißen Schiffe dringend angewiesen ist. Da die DGzRS allein von freiwilligen Spenden unterhalten wird, dienen Beiträge einem wahrhaft guten Zweck. Wer deshalb mehr als einen obligaten Obolus in eines der überall aufgestellten Sammelschiffchen plumpsen lassen will, kann auch einen (steuerlich absetzbaren) größeren Betrag auf das Konto 1072016, Sparkasse Bremen, BLZ 290 501 01, überweisen.

Die DGzRS unterhält am Südhafen einen Info-Stand.

**Siemens-Denkmal**

Dem Seebadgründer gewidmete Gedenkskulptur am Nordosthafen, an der man leicht vorbeiläuft, weil sie fast in den umgebenden Rosenbüschen verschwindet.



Dicker Brocken: die „Hermann Marwede“

## Das Schicksal der „Adolph Bermpohl"

Die Geschichte der DGzRS auf Helgoland ist untrennbar mit den Vorgängen auf dem Seenotkreuzer „Adolph Bermpohl" verbunden, bei denen sieben Menschen ums Leben kamen. Das Rettungsschiff war am Nachmittag des 23. Februar 1967 in einem heulenden Orkan ausgelaufen, um dem holländischen Fischkutter „Burgemeester van Kampen" zu Hilfe zu kommen, der fünf Seemeilen nordöstlich von Helgoland „Mayday" gefunkt hatte. Der Havarist befand sich bei Ankunft des Kreuzers bereits in einer verzweifelten Lage, so dass nur noch das Abbergen der dreiköpfigen Besatzung in Frage kam, was mit Hilfe des kleinen Tochterboots „Vegesack" auch gelang. Wegen zehn Meter hohen Seegangs konnte das Beiboot jedoch nicht mehr vom Mutterschiff aufgenommen werden. Man versuchte deshalb, hintereinander fahrend Helgoland zu erreichen. Im Bereich des Sellebrunnriffs müssen die beiden Fahrzeuge in gewaltige Grundseen geraten sein, die alle sieben Männer über Bord und in den Seemannstod rissen. Die unsinkbare „Adolph Bermpohl" wurde am nächsten Morgen unbemannt treibend aufgefunden, desgleichen die „Vegesack" einen Tag später. Der Sturm mit Windgeschwindigkeiten von Hurrikanstärke und Wellenhöhen von 15 Metern war einer der vernichtendsten, der die Nordsee je heimsuchte. Er kostete mindestens weitere 80 Menschen das Leben und ging als „Bermpohl-Orkan" in die Annalen der Seefahrt ein.

**Steilküste** Bis zu 61 Meter hoch ist die Buntsandsteinscholle Helgoland. (Der „Pinneberg", mitten drauf, misst, penibel verzeichnet, sogar 61,3 Meter!) Man kann die Steilküste vom Aspekt ihrer natürlichen Schönheit betrachten, wozu das **Farbspiel** bei unterschiedlich einfallendem Licht erheblich beiträgt. Natürlich kann man sich mit einem leichten Schauder auch vorstellen, dort hinunterzufallen. Das ist angesichts diverser Sicherheitsvorkehrungen zwar gar nicht so einfach, aber einigen wenigen ist es gelungen. Diverse Selbsttöter haben im Lauf der Inselgeschichte dem Blick in die saugende Tiefe nicht widerstehen können; sogar *Willy Brandt* soll, wie vor einiger Zeit im Film über ihn dargestellt, in einem Anflug von Schwermut den Sprung erwogen haben. Auch kamen im Lauf der Jahre einige Jugendliche zu Schaden, die im Rausch vertikale Abkürzungen der langweiligen Treppe vorzogen. Das alles ist ganz normal zu nennen; bei anderen Steilküsten dieser Art auf der Welt sieht es nicht anders aus. (Kurz bevor dieses Buch entstand, war der Autor auf den berühmten

helgo_129 Foto: rh

Moher-Klippen an der Westküste Irlands, als eine Touristin dort vom Sturm 200 Meter in die Tiefe geblasen wurde. Sie hatte sich im rasenden Orkan direkt auf die Abbruchkante gestellt ...)

Leider ist von den vielen **bizarren Einzelfelsen** nur noch die **„Lange Anna"** übrig geblieben, die einst den Namen *Nathum Stack* trug und heute im Nordwesten als Pilgerziel aller jener gilt, die den Rundgang über das Oberland unternehmen. Eigentlich ist die 48 Meter hohe Anna ein recht profanes Stück Gestein und überdies durch einen potthässlichen Wellenbrecher vor den Unbilden der Nordsee geschützt. Doch sie ist auch **Helgolands Wahrzeichen,** und das schon seit 1865, denn sie symbolisiert auf eindringliche Art das Stehvermögen der ganzen Insel und der auf ihr befindlichen Menschen, und das will schon etwas heißen. Außerdem ist ihr Oberteil immer dicht an dicht mit Vögeln besetzt, die allein schon eine Sehenswürdigkeit abgeben. Wie lange die Anna noch aufrecht bleibt, steht allerdings auf einem anderen Blatt. Die Elemente nagen an ihrem Buntsandstein, der porös ist wie Zwieback. Ein komplettes Betonkorsett, obwohl lange erwogen, wäre unnatürlich, schädlich für die Vogelwelt, hässlich und sündteuer. Also lässt man's bleiben. Eines Tages wird die Anna zusammensacken, aber niemand kann sagen, wann genau.

**Geschichtsweg**

Der so genannte **Klippenrandweg** ist knapp zwei Kilometer lang und lässt sich bei langsamstem Tempo in **eineinhalb Stunden** bequem abbummeln. Die meisten Besucher zieht es zuerst an die spektakulärere Westküste. Deshalb erfolgt die Begehung generell im Uhrzeigersinn; wer dagegen anrudert, wird ganz erstaunt gemustert. Bildungsbewusste Wanderer werden mittels **Schautafeln,** die entlang eines **Themenpfads („Geschichts-**

helgo_131 Foto: rh

**weg“)** rund um das Oberland aufgereiht sind, auf historische Höhepunkte im Werdegang der Insel hingewiesen. Es sind dort insgesamt 15 Stationen, eine weitere Station (Nr. 1) befindet sich nahe der Landungsbrücke. Es handelt sich um kleine Pyramiden oder Tafeln, die den Weg durch die Jahrhunderte weisen. Die Standorte haben keinen unmittelbaren Bezug auf die geschichtlichen Vorgänge. Nach der Nr. 1 am Kai folgt die Nr. 2 oben am Invasorenweg, und ab Nr. 3 setzt sich die Reihe im Uhrzeigersinn (ein weiterer Grund für die Gehrichtung!) auf dem Klippenrandweg fort (siehe Karte auf der nächsten Seite). Dabei werden die **hauptsächlichen Punkte aus der Inselgeschichte** kurz gefasst wie folgt erläutert:

- **1 – Bezugnahme auf die Atlantis-Legende:** Freimütig gesteht dieser Text ein, dass keinerlei Beweise für die einstige Existenz des sagenhaften Atlantis bei Helgoland vorliegen. „In jedem Fall eine hübsche Geschichte“ – in der Tat.
- **2 – Vor- und Frühgeschichte:** Helgoland zu vorchristlichen Zeiten und die Missionierungsmühen des heiligen *Willibrord* und frommen *Liudger*.
- **3 – Ära der Seeräuber unter Klaus Störtebeker:** Das Zeitalter der *Likedeeler,* die (ca.) 1402 von einer Hamburger Kriegsflotte vor Helgoland vernichtend geschlagen wurden.
- **4 – Fischereiwesen durch die Jahrhunderte:** Die tragende Rolle der Fischerei auf Helgoland, einst und jetzt.
- **5 – Die Helgoländer Lotsen:** Das in einer Monopolstellung gipfelnde Lotsenwesen zwischen 1665 und 1807.

Der „Geschichtsweg“
Legende s. Text
0
300 m
Lange Anna
Naduurn
Kastjaal-Hingst
Skitten-hörn
Lummen-felsen
Groot Hel
Bread Hörn
Djunk Hel
Seliger Hörn
Nuurder Moadek
Floagenberighörn
Sider Moadek
Letj Kark
Medelst Hörn
Münk Gat, Münk Kark
Sidest Hörn
De Karkjaar en siin Wüf
Blockhorn
Boakenhörn
Kringel
Sathuurn
Petersens sin Hörn
Radarturm
Klippenrandweg
Jägerstieg
Nordstrand
Sportplatz
Jugendherberge
N-O-Land
Ponyclub
Oberland
Geschichtsweg
Erholungs-park Nord-Ost
Vogelwarte
Nordsee-halle
Kraftwerk
Kurmittelhaus „la mer“
Leuchtturm
Schwimmbad
Sende-mast
Nordosthafen
Mittelland
Unterland
Rathaus
Krankenhaus
Musikpavillon
Süd-strand
Zollamt
Binnen-hafen
Binnen-reede
Landungsbrücke
1 2 3 4 5 6 7 8 9 10 11 12 13 14 15 16

- **6 – Politische Aspekte der Kontinentalsperre:** Der Niedergang der Inselökonomie bis hin zu einer verheerenden Hungersnot im Gefolge der napoleonischen Blockade Nordeuropas.
- **7 – Wirtschaftliche Aspekte der Kontinentalsperre:** Ökonomische Erholung nach Besetzung der Insel durch die Engländer 1807 und Anbruch des „Goldenen Schmuggelzeitalters", das 1814 jedoch ein jähes Ende findet.
- **8 – Seebadgründung durch Jacob Andresen Siemens:** 1826 wird durch *Siemens* sozusagen der Grundstein für den Seebadbetrieb (damals als AG) gelegt, der heute das Rückgrat der insularen Wirtschaft ist.
- **9 – Seeschlacht im Bereich der Insel:** Schwere Ballerei zwischen preußisch-österreichischen und dänischen Kriegsschiffen in unmittelbarer Sichtweite der Insel (1864).
- **10 – Inbesitznahme durch das Deutsche Reich:** In einer feierlichen Zeremonie übernimmt Deutschland am 10. August 1890 das Tauschobjekt Helgoland von Großbritannien (siehe „Helgoländer Geschichte").
- **11 – Der 1. Weltkrieg:** Obwohl die Halunder ihre Insel verlassen und 4000 Marinesoldaten Platz machen müssen, geht der erste Krieg relativ glimpflich für Helgoland aus.
- **12 – „Projekt Hummerschere" ab 1933:** Das wahnwitzige Projekt der Nazis, nördlich der Düne einen Mammuthafen für die gesamte deutsche Flotte zu bauen.
- **13 – Der 2. Weltkrieg und seine Zerstörungen:** Am 18. und 19. April 1945 wird Helgoland nach einem englischen Fliegerangriff fast zur Gänze zerstört.
- **14 – Der „Big Bang" vom 18. April 1947:** Der Versuch der Engländer, die Insel durch die Explosion von 6700 Tonnen Munition von der Karte zu tilgen, misslingt.
- **15 – Invasion und Befreiung:** Nach einer friedlichen Besetzung durch zwei deutsche Studenten wird Helgoland am 1. März 1952 wieder frei.
- **16 – Wiederaufbau ab 1952:** Helgoland nimmt nach und nach wieder Form an, und der Seebadbetrieb gerät erneut in Gang.

**Vogelwarte** Die Helgoländer Vogelwarte und Beringungsstation existiert schon seit 1910. Sie befindet sich, fast gänzlich hinter Bäumen und Büschen verborgen, auf dem Oberland schräg gegenüber der Schule. **Führungen,** u. a. durch den Fanggarten, in dem die Vögel zwecks Untersuchung, Registrierung, Beringung und Wiederfreilassung eingefangen werden, finden vom 15.3. bis 15.10. Di und Fr um 16.30 Uhr statt, in der übrigen Zeit nach Vereinbarung. Tel. 64020.

helgo_134 Foto: rh

# Helgoländer Geschichte

**Der Name**

Um das Jahr 700 n. Chr. soll es gewesen sein, als der **heilige Willibrord, Bischof von Utrecht,** auf einer Missionsreise im damaligen, nach einer germanischen Gottheit benannten **„Forsetisland"** anreiste, um dessen Bewohnern das christliche Heil zu bringen. Das misslang ihm offenbar, denn von einer **Christianisierung** zu diesem Zeitpunkt ist in den Annalen keinerlei Rede. Stattdessen legte sich der wackere *Willibrord* angeblich mit den Forsetisländern an und meuchelte deren heilige Kühe, worauf ihm der Friesenkönig *Radbod* ans Leder ging.

Alles das stimmt vorne und hinten nicht. *Radbod,* den es zwar gab, setzte nie einen Fuß auf das genannte Land, und den heiligen *Willibrord* gab es wohl ebenfalls, wenn auch nur in legendenhaften Umrissen. Aber was genau er auf Helgoland trieb, entzieht sich der historischen Aufklärung. Eine Missionierung gelang ihm jedenfalls nicht. Erfolgreicher war da schon **Liudger von Münster,** der gegen Ende des 8. Jahrhunderts die widerborstigen Insulaner unter das Kreuz zu führen verstand. Ob er allerdings eine Kirche auf der Insel baute, steht nicht in der Überlieferung. Es ist auch eher unwahrscheinlich, denn nirgendwo ist ein entsprechender Bezug vermerkt. Aber **ab ca. 800** taucht der **Name „Heiligland"** erstmalig auf und blieb hinfort erhalten. *Adam von Bremen* verwendet ihn bereits in einer ausführlichen Inselbeschreibung des Jahres 1076.

**Helgoland = Atlantis?**

Schon in der Jungsteinzeit (3000–1800 v. Chr.) hatte es hier Menschen gegeben, und in den nachfolgenden tausend bronzezeitlichen Jahren muss es Ausgrabungen zufolge sogar zu einer gewissen kulturellen Blüte gekommen sein. Noch im 20. Jahrhundert gingen manche Gelehrte so weit, in den seither von der Nordsee verschlungenen Landesteilen (siehe „Die Nordsee") das sagenhafte Atlantis zu vermuten. Vor allem ein Pastor namens *Jürgen Spanuth* tat sich insofern hervor, der im „Steingrund" östlich von Helgoland einen wahren Ruinenfriedhof sah, wo nach seiner Ansicht **um 1200 v. Chr.** die legendäre Königsinsel im Meer **versunken** war. Die Überlebenden schlugen sich alsdann, so *Spanuth,* bis nach Ägypten durch, um ihre überlegene germanische Kultur dort zu verbreiten. In der Tat wurden ein paar Mauerbrocken und Kupferbrösel zutage gefördert, doch das war insofern nicht verwunderlich, als hier früher eine durchaus besiedelte Verbindung mit dem Festland bestanden hatte. Die große Masse des Gesteins auf dem Meeresgrund erwies sich bei genauerer Betrachtung indes als Anhäufung natürlicher Felsentrümmer. Also wohl nix mit Atlantis. Einer wie *Goethe* hätte dazu wahrscheinlich kommentiert: „Si non è vero, è ben' trovato" – Wenn's schon nicht wahr ist, so ist's doch gut ersonnen ...

**Griechen und Römer**

Keinem „Atlanter" gelang auch eine noch so vage Darstellung seiner Welt, die uns heute einen Begriff der damaligen Verhältnisse geben würde. Das besorgten – in hauchdünnen Konturen – Besucher aus dem mediterranen Raum. Der Grieche *Pytheas von Massilia* erwähnt ein seltsames Felsengebilde im ansonsten weitgehend von platten Küsten umgebenen Nordmeer – und das im 3. Jahrhundert vor Christus! Im Jahre **5 n. Chr.** betraten römische Kundschafter eine **„Bernsteininsel Abalus"** auf dem Weg zur Elbe, die sie bis Magdeburg hinaufruderten. Mit ziemlicher Sicherheit dürfte es sich um Helgoland gehandelt haben. Auch der Römer *Tacitus* berichtet ungefähr um die Zeitenwende von nördlichen „Säulen des Herkules". Helgoland? Nun, etwas anderes kann es gar nicht gewesen sein als dieses Eiland, das *Hans Leip* viele, viele Jahre später recht anschaulich so beschrieb: „Dann tauchte die Insel auf und erschien von weitem wie ein Ziegelstein". Die fremden Entdeckungsreisenden waren nachweislich im Bereich der Nordsee unterwegs gewesen, und wer sich nicht gänzlich in deren Norden verirrte, für den war an dem Ziegelstein überhaupt kein Vorbeisehen – damals weniger als heute, denn Helgoland war seinerzeit bestimmt noch ein Stückchen höher als in der Gegenwart.

**Erste Kartografen**

Dennoch liegen verwertbare Einzelheiten bezüglich dieses weltenfernen Außenpostens tief im Dunkel der Geschichte verborgen. Die Insel, vor einem Jahrtausend und mehr zweifellos weitaus größer als in der Neuzeit, muss ein faszinierendes Stück Land gewesen sein. Doch von irgendwelchem Wert war sie für die Kundschafter nicht – wer interessierte sich schon für einen sturmumtosten Ziegelstein in einer wilden See? Doch, einer schon, aber erst **im 17. Jahrhundert.** Da bemühte sich der Husumer Kartograf **Johannes Meier** (auch *Mejer, Meyer*), die Küstenlinie des alten Heiliglandes um das Jahr 800 zu rekonstruieren. Man kann sich denken, was dabei herauskam, nämlich ein reines Fantasiegebilde, einschließlich eines Hünengrabes für den nebulösen König *Radbod.*

helgo_138 Foto: rh

Denn der Herr *Meier* hatte ja nicht den geringsten Zugriff auf irgendwelche Unterlagen, er zeichnete einfach aus der Einbildung heraus drauflos. Weitaus realistischer war da schon eine **genuesische Karte, 1325** angefertigt und in den meisten Teilen der Küstenliteratur vornehm übergangen: Wie kommt ein hergelaufener Italiener dazu, sich für etwas zu engagieren, was keinem Anrainer bisher gelingen wollte, nämlich die deutsche Nordsee kartografisch zu erfassen! Die bewusste Karte zeigt ein gegenüber früheren Vorstellungen erheblich geschrumpftes Eiland, und als sich *Johannes Meier,* durchaus ein Könner seines Fachs, 1649 daran machte, die aktuellen Verhältnisse aufzuzeichnen, entstand ein Inselbild, das dem genuesischen sehr ähnlich sieht.

**Ende des Witten Kliff**

Dessen ungeachtet war die Insel Helgoland zu jenem Zeitpunkt weiterhin etwa viermal so groß wie heute. West- und Ostteil waren über eine **Landbrücke** verbunden; im Bereich der jetzigen Düne erhob sich das Witte Kliff, ein mächtiger **Kreidefelsen,** so hoch wie das heutige Hauptland. In manchen Aspekten mag es damals wie auf Rügen ausgesehen haben. Doch der Abbau setzte sich unablässig fort. Nicht nur durch das pausenlose Nagen der See, auch der Mensch half nach. Die gewaltigen Ablagerungen von **Muschelkalk,** die sich im Lauf von Jahrmillionen zu Stein verfestigt hatten und zum Teil das Fundament der Insel bildeten – und immer noch bilden – wurden, schon im 15. Jahrhundert beginnend, von Menschenhand abgegraben und zum Festland verschifft. Große Mengen wanderten in Neubauten der Stadt Bremen, deren Umland wenig Steiniges hergibt. **1711 versank das Witte Kliff,** doppelt unterhöhlt, während einer furchtbaren Sturmflut in der

See. Die dünne Landbrücke wurde ein paar Jahre später ebenfalls hinweggespült. Helgoland war jetzt **zweigeteilt.** Eine 1400 Meter breite Rinne trennt seither die Hauptinsel und das östlich von ihr gelegene, schlicht „Düne" genannte Sandeiland.

**Dänen und Piraten**

Um die **Mitte des 14. Jahrhunderts** nennt eine Hamburger Urkunde Helgoland einen Zufluchtshafen vor der stürmischen See. Gleichzeitig wird Beschwerde geführt über einen dänischen Ritter, der die Insel in ein Seeräubernest verwandelt hatte. Dänen und Piraten: Dieses Duo taucht in den Helgoländer Annalen immer wieder von Neuem auf. 1231 bereits weist das „Erdbuch" König *Waldemar II.* auf eine frühe dänische Bindung hin, und der vierte *Waldemar (Atterdag)* lässt seinen Ritter *Zappi* (über den man sich offenbar beschwerte) 1356 auf der Insel Befestigungen anlegen. Im späten 14. Jahrhundert nisten sich die Vitalienbrüder unter ihrem Hauptmann **Klaus Störtebeker** dort zeitweilig ein, um hanseatische Englandfahrer zu überfallen, bis eine Hamburger Flotte um die Jahrhundertwende dem Treiben ein Ende bereitet.

**1545** macht erneut ein Pirat auf Helgoland von sich reden, nämlich der aus Dithmarschen stammende *Wieben Peters* mit dem nom de guerre **Hans Pomerenink.** Selbiger hatte das Pech, dass ein auf ihn angesetztes Häscherkommando just auf der Insel anlandete, als der Gesuchte die meisten seiner Mannen zum Proviantholen auf das Festland geschickt hatte. Der Zugriff ging mithin rasch vonstatten, obwohl sich das Kampfgeschehen bis in die Kirche auf dem Oberland verlagert hatte, und *Wieben Peters* ereilte unter Bruch des Kirchenasyls das in seiner Berufssparte übliche gewaltsame Ende.

Jetzt gehört Helgoland eine Zeit lang deutschen Gauen an. Es dauert bis 1684, bis die Dänen mal wieder am Zuge sind, wenn auch nur für fünf Jahre. 1714 sind sie erneut da, diesmal bis 1807. Die

Insel wird nunmehr **englisch.** 1849 kabbeln sich Dänen und **Deutsche** (unter Admiral *Brommy*) mal wieder vor Helgoland, mit wenig vorzeigbaren Ergebnissen. 1864 zwingt ein österreichisch-preußisches Geschwader unter Admiral *Tegethoff* die Dänen vor der Insel zum Abdrehen – nun, immerhin. Die frühen Kurgäste auf Helgoland konnten die Abläufe in bequemer Sichtweite von Logenplätzen auf dem Oberland interessiert mitverfolgen.

**Vom Hering zum Wal**

Wer immer gerade seine Fahne auf ihrer Insel flattern ließ: Den Halundern war's herzlich egal. Bestimmt hatten sie hier und dort ein wenig mitpiratisiert; der Bukanier *Wieben Peters* genoss sogar politisches Asyl bei ihnen. Und natürlich kassierten sie auch ein, was bei ihnen auf den Strand trieb – und das war in stürmischen Jahren gar nicht wenig! Doch ansonsten gingen sie vornehmlich dem **Fischfang** nach, an erster Stelle der Jagd auf den Hering, die im 15. und 16. Jahrhundert besonders ergiebig war. Die Helgoländer Fänge versorgten die gesamte Küste, bis Rom wurden Heringe in Salz geliefert, und ein gewisser Wohlstand hielt auf der kargen Insel Einzug. Dann blieb der Hering mysteriöserweise aus. Bis heute rätseln Fischereibiologen über die Gründe. Es handelte sich wohl um einen der großen natürlichen Zyklen, die die Natur auch in früheren Zeiten, als großflächige Umweltsünden noch kein Thema waren, immer wieder heimsuchten. (Im späten 19. Jahrhundert war der Hering erneut in großer Zahl vertreten. Allein im Jahre 1889 wurden 350.000 Tonnen von ihnen aus der Nordsee gezogen, im Jahr darauf die doppelte Menge – Ziffern, die einen neuen Niedergang ahnen lassen, der dann auch prompt kam. Heute ist der Nordseehering wieder relativ rar.) Die damaligen Helgoländer mussten jedenfalls umsatteln, und sie verlegten sich zunächst auf den Schellfischfang, der auch gutes Geld brachte. Zeitweise waren bis zu hundert Inselboote in die-

## *Der legendäre Klaus Störtebeker*

Der Überlieferung nach – Genaues ist nicht bekannt – stammte er aus Wismar und hieß ursprünglich *Klaus von Alkum,* war also ein mecklenburgischer Adliger reinsten Wassers. Seinen Spitznamen „Störtebeker" erhielt er anno 1394 von trinkfreudigen Kumpanen, nachdem er sich für das edle Seeräubergewerbe entschieden hatte und unter Beweis stellte, welch ein Ballermann er war, indem er einen Bierhumpen in einem Zug zu leeren verstand. („Das kann ich auch!", mag jetzt manch einer ausrufen, aber eine damalige „Maß" fasste vier Liter – da werden die meisten passen müssen!)

Unter den „Vitalienbrüdern", wie der bunte Haufen genannt wurde, weil er während des 1389 ausgebrochenen Krieges zwischen Dänemark und Schweden das belagerte Stockholm blockadebrechend mit „Viktualien", also Lebensmitteln, versorgt hatte, fühlte sich der reckenhafte Raubauz offenbar wohl. Denn die „Likedeeler", wie sie später wegen ihrer Robin-Hood-Gesinnung auch hießen, führten ein Leben in Saus und Braus. Auf Gotland hatten sie 1392 einen regelrechten Seeräuberstaat gegründet und jede Menge Kostbarkeiten angehäuft, bevor sie sich, sechs Jahre später von dort vertrieben, der Nordsee zuwandten, wo noch mehr zu holen war. Deshalb wurde auch auf Helgoland lange Zeit von Schätzen geraunt. Klar, wo Höhlen sind, können Gold und Silber nicht fern sein. Bei *Lüth* heißt es dann auch prompt: „Eines der Brandungstore im Buntsandsteinfels von Helgoland führte in eine Höhle, die eine Schatzkammer der Piraten gewesen sein soll. Hätte in dieser Höhle nicht Dämmerlicht geherrscht, so wären die Augen ihrer Besucher geblendet worden durch das Gleißen gemünzten und ungemünzten Goldes, durch das Funkeln kostbaren Frauenschmucks und anderen Geschmeides". Wer die „Besucher" gewesen sein könnten, verrät der Autor uns nicht, und dass die Fischer des winzigen Eilands den Frauenschmuck nicht zu finden und zu heben verstanden hatten, lässt sie in diesem Zusammenhang recht minderbemittelt aussehen.

Ob auf dem Bild wirklich der sagenhafte Störtebeker zu sehen ist, weiß niemand genau…
(Kupferstich von Daniel Hopfer, um 1520)

Aber die mächtigen Bremer und Hamburger hatten wenig Lust, den Raubzügen vor ihrer Tür, die den Nordseehandel zunehmend lähmten, tatenlos zuzusehen. Anno 1400 war der Krug lange genug zu Brunnen gegangen. Im Frühling des neuen Jahres fiel eine hanseatische Flotte auf der Osterems über den Piratenhaufen her und machte kurzen Prozess mit den Likedeelern. Das peinliche Halsgericht wurde bereits in Emden vollzogen, weil man es offenbar kaum erwarten konnte, die Köpfe rollen zu sehen. Doch jener *Störtebekers* war noch nicht dabei; der Chef hatte sich nach Norwegen abgesetzt. Aber schon bald danach ereilte auch ihn das Schicksal. Vor dem Witten Kliff traf im August 1402 ein Hamburger Flottenverband auf den verwegenen Räuber, überwand ihn nach hartem Kampf, tötete 40 und nahm 70 Piraten gefangen. (Andere Quellen datieren das Duell bereits auf 1400. Manche Unterlagen deuten in der Tat darauf hin. Dass Helgoländer Fischer zugunsten der Hamburger das Kampfgeschehen sabotiert hatten, indem sie den Freibeutern Blei in die Ruderlager gossen, gehört jedoch ins Reich der Legende.) Auf dem Grasbrook in Hamburg kullerten darauf erneut die Köpfe unter dem Henkereisen. Falls *Störtebeker* noch von irgendwelchen verborgenen Schätzen wusste – er nahm dieses Wissen mit ins Grab.

B_135

sem Metier beschäftigt. Doch es gab ein kapitaleres Wild – den Wal. Weniger vor der eigenen Tür, obwohl der atlantische Nordkaper und der Grauwal auch in der Nordsee vertreten waren. In arktischen Gewässern lockte indes fettere Beute. Viele Helgoländer verdingten sich als **Seemänner, Harpuniere** und sogar **Commandeure,** wie die Walfangkapitäne genannt wurden, auf den Flotten der Hamburger und Holländer, und einige machten auch ein ganz gutes Geschäft dabei. *Erck Rickmers,* 1619 geboren, stieg sogar zum Konvoi-Kommandanten auf und wurde ein reicher Mann. Andere „blieben" indes auf See, denn die Jagd auf den Wal im ewigen Eis war ein riskantes Unterfangen. Zudem gingen schon in der zweiten Hälfte des 18. Jahrhunderts die Walbestände spürbar zurück und wurden bald immer kleiner. Bis auf den heutigen Tag hat sich der Wal von den damaligen Schlächtereien nicht ganz erholen können.

**Britische Ära**

**1807** besetzten die Engländer die von den Dänen beherrschte Insel, um von dort aus die so genannte Kontinentalsperre, eine von *Napoleon* in Szene gesetzte Handelsblockade zum Schaden Großbritanniens, zu unterlaufen. Der politischen Korrektheit halber sei vermerkt, dass die Briten 1804 eine ganz ähnliche Sperre über Nordeuropa (von Brest bis zur Elbmündung) verhängt und allen neutralen Schiffen verboten hatten, die Häfen Frankreichs und seiner Verbündeten anzulaufen. Durch sie war die verhängnisvolle Entwicklung also sozusagen erst losgetreten worden.

Wie dem auch sei: Das Jahr 1807 war für die Halunder das schlimmste ihrer bisherigen Geschichte, denn aller Existenzgrundlagen beraubt durchlitten sie eine schwere **Hungersnot.** Schon im Folgejahr änderte sich jedoch alles zum Besseren. Englische Handelshäuser hatten sich auf Helgoland angesiedelt, um die Blockade zum Nachteil *Napoleons* mit amtlichem Plazet zu sabotieren. Bald wurde **geschmuggelt** auf Deubel komm raus. Auf der Insel begannen sich rasch die ersten Anzeichen von Neureichtum bemerkbar zu machen, als das britische Helgoland zum bedeutendsten Warenumschlagplatz Nordeuropas herangedieh und 1809 einen geradezu märchenhaften Höhepunkt erreichte. Doch diese Blüte sollte, wie sich voraussehen ließ, nur von Schein sein und nicht lange anhalten. Mit der Niederlage *Napoleons* im Jahre 1814 war es schlagartig aus damit, und danach ging es nur noch bergab mit der Inselökonomie. Das lag außer dem Ende des Schmuggelgeschäfts daran, dass die Seehäfen an Ems, Weser und Elbe nach dem Abzug der Franzosen ihr eigenes Lotsenwesen aufzubauen begonnen hatten. Einst, beginnend 1665 und ab 1787 zu einer Monopolstellung erweitert, waren die **Helgoländer Lotsen** als Meister ihres Fachs an den deutschen Nordseeküsten sehr begehrt. Doch jetzt war Ablösung angesagt, auch andere Seeleute konnten Schiffe tadellos bugsieren. Außerdem war die Insel ja englisch, also Ausland. Selbst die Helgoländer Fischer hatten jetzt Schwierigkeiten, ihre Fänge auf dem Festland abzusetzen und mussten mit Einfuhrzöllen und anderen Erschwernissen kämpfen.



**Seebadgründung**

In dieser Situation, inzwischen war es **1826** geworden und die Lage auf der Insel ziemlich desparat, kam ein forscher Insulaner namens **Jacob Andresen Siemens,** 1794 geboren, auf die Idee, ein Helgoländer Seebad zu gründen. Auf anderen Inseln ließen Badelustige schon die Kassen klingeln, weshalb sollte das auf Helgoland nicht funktionieren? *Siemens* stellte ein paar der damals üblichen Badekarren in den Sand der Düne und hoffte auf kommende Dinge. Doch Belebung erfuhr das Gewerbe erst 1833 mit der Ankunft des Badearztes *von Aschen,* der medizinische Argumente auffuhr und überhaupt die Werbetrommel zu rühren verstand. Die ersten „Kurgäste“ fanden sich ein, unter ihnen **Maler und Dichter** aus ganz Europa,

helgo_146 Foto: rh

denn Helgoland mit seinen prächtigen Felsformationen galt bald als Sinnbild für eine wildromantische Meeres- und Küstenlandschaft. Schon 1792 waren die ersten **Naturfreunde und Forscher** an den urigen Gestaden erschienen, um in einzigartigen Eindrücken zu schwelgen. Grotten, Höhlen, Brandungstore und Einzelfelsen markierten eine natürliche Promenade, die in Nordeuropa ihresgleichen suchte. Die Namen der individuellen Felsen, die den Klippensaum schmückten, waren sogar weltberühmt: Mönch, Hoyshörn, Prediger-

stuhl, Ingelskark, Paterken en sin Fru, Mörmers Stack, de Letje Kark, Kasteal Hörn und das Nathum Stack, das unter dem Namen „Lange Anna“ als letzter Einzelfelsen zum Naturdenkmal helgoländischer Entwicklungsgeschichte geworden ist.

Lustiges Badeleben zu Kaisers Zeiten:
„Schön ist doch das Badeleben,
ungeniert kann man sich geben,
und wer nicht Lust verspürt zum Bade,
der wandelt auf der Promenade.“

*Georg Christoph Lichtenberg,* einer der großen Weisen seiner Zeit, kommentierte sein Inselerlebnis: „Wer so etwas noch nicht gesehen hat, datiert ein neues Leben von einem solchen Anblick und liest alle Beschreibungen mit einem neuen Sinn." Und *Theodor von Kobbe* notierte 1840 in „Briefe über Helgoland": „Zwei Umstände sind es vor Allen, ein physischer und ein moralischer, die in Helgoland hervortreten. – Die vom Continent entfernte Lage mitten im Meere und die großartige Erscheinung dieses Felseneilands, der Reichthum an Form und Farbe, der stets neue Bilder vor das entzückte Auge führt, und der dadurch hervorgerufene Einfluß auf das Gemüth." Auch diverse deutsche Poeten machten sich für das Eiland mehr oder minder dichterisch stark. *Friedrich Hebbel* fand manches freundliche Wort für die insularen Eigenheiten. *Heinrich v. Kleist* bedrückte dagegen die Enge der Siedlung. **Heinrich Heine** begeisterte sich für den „hochgewölbten Himmel, der der Kuppel einer gotischen Kirche gleicht", die „Meereswellen, die wie eine Wasserorgel rauschen", und nicht zuletzt für die „nach frischgebackenen Kuchen duftende See". Die spätere massive Verschmutzung der Nordsee war zu jenem Zeitpunkt noch nicht einmal in Ansätzen spürbar. Auch vertont wurde die Insel. Der Komponist *Anton Bruckner* widmete ihr ein ganz spezielles Werk: „Helgoland", für Orchester und Männerchor.

**Nationalhymne**

Ein viel bekannteres Musikstück als *Bruckners* Komposition (s. o.) entstand ebenfalls auf Helgoland. Etwas ironisch ist es schon, dass ausgerechnet mitten in der englischen Ära, nämlich anno **1841,** hier das deutscheste aller Lieder getextet wurde, nämlich unsere Nationalhymne. Doch es gab schon Gründe dafür. Die Musik („Kaiserquartett") stammt von **Joseph Haydn,** und zwar aus dem Jahre 1797, und **Heinrich Hoffmann von Fallersleben** hieß der aus Breslau stammende Dichter, der für seine Mühe vier Dukaten von dem

# *Heinrich Heine auf Helgoland*

Der 1797 in Düsseldorf geborene Literat, lange als Umstürzler und, weil Jude, von den Nazis gar als „Verräter" verfemt, war einer der prominentesten Freunde Helgolands. Ihre eingängliche Bekanntheit als Seebad verdankt die Insel zu großen Teilen ihm. (Eine Gedenktafel im Boden der Landungsbrücke erinnert deshalb an den Dichter.) 1823 versuchte *Heine* das erste Mal, dorthin zu gelangen. Obwohl es August, also Hochsommer war, geriet das Schiff, auf dem er sich befand, offenbar in einen schweren Sturm, der ihn zu einem Gedicht veranlasste, dessen letzte Strophe alles über seine Nöte sagt:

„Ein Fluchen, Erbrechen und Beten
Schallt aus der Kajüte heraus;
Ich halte mich fest am Mastbaum
Und wünsche: Wär ich zu Haus."

Trotz dieser freudlosen und missglückten Reise – die Insel wurde nicht erreicht –, nahm der Nordseefan *Heine* 1829 einen neuen Anlauf, und dieses Mal gelang das Abenteuer. „Wohl und heiter" grüßt der Dichter von dem roten Felsen und macht sich alsbald daran, mit der für ihn charakteristischen Spottlust über diverse Witzfiguren unter den dort Anwesenden herzuziehen – was ihm in einem Fall eine Duellforderung eintrug, aus der freilich nichts wurde. Hübsch auch sein Kommentar zu einem Selbstmord (des Vogeljägers *Vogt,* aus Liebeskummer): „Er schoß noch viele Vögel, manch hübschen Vogel und den merkwürdigsten zuletzt." Nur über Helgoland selbst ergeht er sich in hohem Lob und, wie ein Protokollant betont, „ohne Ironie" – was bei ihm wohl selten war. „Da bekommt man Anschauungen", deklamiert *Heine.* Zu denen gehörte auch seine kritische Haltung gegenüber der britischen Herrschaft, die ihm „hinlänglich fatal" war und über deren „plumpe Küche" er lästerte, genauso wie über einen unter ihm wohnenden Holländer, „dieses indifferente Fettgesicht ... indolent und ausgebuttert wie der Käse, mit dem er handelt". Alles in allem sind *Heines* Beobachtungen und Sophistereien zum Thema Helgoland den zahlreichen Briefen zu entnehmen, die er insbesondere bei einem zweiten Inselaufenthalt im Jahre 1830 an Freunde und Verwandte schrieb und dabei, wie immer, kein Blatt vor den Mund nahm. Wie gut es ihm auf der Insel gefiel, geht aber schon ohne Worte daraus hervor, dass er – sehr zum Verdruss heutiger Heine-Forscher, die über einer chronologischen Einordnung verzweifeln – bei seiner Korrespondenz immer wieder das Datum vergaß oder die Wochentage verwechselte. Dem Glücklichen schlägt keine Stunde; der profane Gang der Welt war für ihn, den Insulaner auf Zeit, nicht mehr so wichtig.

Hamburger Verleger *Julius Campe* einstreichen durfte. Er hatte gute Verwendung für das Zubrot, denn der Vordenker einer freiheitlich-demokratischen Gesellschaftsordnung war zu jenem Zeitpunkt, obwohl bereits nomineller Professor, noch „Burschenschafter" und auf Helgoland politischer Asylant, verfolgt von der monarchistischen Exekutive und wenig begütert.

Die drei Strophen des **„Lieds der Deutschen"** wurden bereits zur Revolutionszeit um 1848/49 gesungen, ohne indes einen Beitrag zum Sturz der Monarchie zu leisten. Staatlich getragen erklangen sie erstmals 1890 an ihrem Ursprungsort, als die Insel deutsch wurde. Danach gewann das Lied ständig an Bekannt- und Beliebtheit und erreichte

helgo_150 Foto: rh

schon Anfang des 20. Jahrhunderts den Status einer inoffiziellen Nationalhymne. Doch amtlichen Charakter erhielt es erst am 11. August 1922 per Proklamation durch den damaligen Reichspräsidenten *Friedrich Ebert.* Die Nazis funktionierten die Hymne eher zu einem Kampflied um, und schon deshalb erklang sie nach der Niederlage lange Zeit überhaupt nicht mehr. Erst 1952 besann man sich wieder auf sie. *Konrad Adenauer* und *Theodor Heuss* argumentierten hin und her, ob der Text auch politisch korrekt sei, sortierten die erste („zu diskreditiert", mit Maas und Memel war ja nichts mehr) und die zweite Strophe („zu trivial" – deutsche Frauen, deutscher Wein etwa?!) aus und einigten sich schließlich auf die Formel: „Das Lied der Deutschen ist Hymne, gesungen wird bei offiziellen Anlässen die **dritte Strophe.**" Falls sie jemand vergessen haben sollte:

„Einigkeit und Recht und Freiheit
für das deutsche Vaterland!
Danach laßt uns alle streben
brüderlich mit Herz und Hand!
Einigkeit und Recht und Freiheit
sind des Glückes Unterpfand.
Blüh' im Glanze dieses Glückes,
blühe, deutsches Vaterland."

Der deutsche Teilstaat DDR hatte seit 1949 seine eigene Hymne („Auferstanden aus Ruinen"). Weil die darin vorkommende peinliche Zeile „Deutschland, einig Vaterland" nach dem Mauerbau 1961 aber nicht mehr in die Landschaft passen wollte, wurde der Hymnus in den 1970er Jahren zu einem reinen Instrumentalstück degradiert. Im August 1991, ein Jahr nach der Wiedervereinigung, legten Bundespräsident *Richard von Weizsäcker* und Bundeskanzler *Helmut Kohl* das nationale

Lied des „neuen“ Deutschland in einem Briefwechsel endgültig fest: „Als ein Dokument deutscher Geschichte bildet es in allen seinen Strophen eine Einheit ... Die dritte Strophe des Liedes der Deutschen von *Hoffmann von Fallersleben* mit der Melodie von *Joseph Haydn* ist die Nationalhymne für das deutsche Volk.“

Auf Helgoland verfasste *Hoffmann von Fallersleben* übrigens noch ein weiteres Gedicht, und zwar im Sommer 1842, speziell der Insel gewidmet und in seiner Schlichtheit seltsam kontrastierend zum aufrüttelnden Deutschlandlied. Es galt lange als verschollen und wurde erst in jüngerer Vergangenheit wieder zutage gefördert. Die nach dem Dichter benannte Gesellschaft in Wolfsburg stellte diese hübsch gereimten Zeilen der Öffentlichkeit zur Verfügung:

„Freunde, geht ins Seebad!
Jedes Leid und Weh
lindert und beschwichtigt,
scheucht und heilt die See.

Jedem wird Genesung
in der See zuteil,
jedem Rang und Stande
bringt das Seebad Heil.

Wer auf festem Lande
nirgend Heilung fand,
wird sie wahrlich finden
dort in Helgoland. –

Vetter Michel höret
dieses frohe Wort,
macht sich auf und eilet
nach der See sofort.

Und er badet täglich
in des Weltmeers Flut,
denn er weiß, das Seebad
machet alles gut.“

Nur seinem Gründer **Siemens** tat das Seebad wenig gut. Der Mann, von dem man mit Fug und Recht sagen kann, er hätte die bis heute gültige

Basisökonomie der Insel Helgoland gegründet, geriet mit seinen Mitinsulanern bald in Streit. Denn er, obwohl alles andere als ein Dummkopf, war wohl ein Schwarmgeist, der die Insel sogar mit Tahiti verglich – eine Anschauung, die von manchen Literaten, einschließlich *Heines,* bereitwillig übernommen wurde; sie waren halt noch nicht in der Südsee gewesen. Außerdem hatte *Siemens* große Pläne, größere als die nüchtern denkenden Halunder wohl hinzunehmen bereit waren, denn sie schickten ihn, den politisierenden Schiffszimmermann, als Abgesandten nach London, damit er „aus dem Kinken" (siehe „Nordseedeutsch") war. Dort starb er 1849 an der Cholera. Später erinnerten sich die Helgoländer an seine Verdienste und setzten ihm ein Denkmal, das man heute auf der Kurpromenade am Nordosthafen bewundern kann. Jenes des *Hoffmann von Fallersleben* grüßt Ankömmlinge direkt am Kai.

**Tüchtiger Gouverneur**

**1872** wurde das **Seebad Gemeindeeigentum,** nachdem sich der energische und beliebte Gouverneur **Sir Henry Fitzhardinge Maxse** dafür eingesetzt hatte, der dann auch prompt den Posten eines „Kurdirektors" ehrenhalber einnehmen durfte. Schon vorher (1830) war eine **Spielbank** entstanden, deren Profite gemeinnützigen Zwecken zugute kamen. Alles in allem war diese Phase der Helgoländer Lokalwirtschaft eine recht gedeihliche. *Maxse* ließ **Fremdenheime** bauen, deren hübscher englischer Kolonialstil die Besucher entzückte und als „typisch helgoländische" Architektur zu einem Begriff geriet. Natürlich wollte man auch auf das damals übliche **„Conversationshaus"** nicht verzichten, das die Helgoländer „de Beers", die Börse, nannten, denn aus einer solchen war es ursprünglich hervorgegangen. Außerdem wurde ein **Warmbadehaus** konstruiert und sogar eine **Schwimmhalle,** mit welcher der Gouverneur *Maxse* seiner Zeit um einiges voraus war. Selbst ein **Theater** stellte der tatendurstige Englän-

# *Helgoländer Briefmarken*

Unter britischer Ägide gab Helgoland, beginnend 1867, eigene Briefmarken heraus, nachdem dort zuvor etwa fünf Jahre lang Hamburger Ausgaben verwendet worden waren. Die meisten, hübsche, aber recht anspruchslose Darstellungen, waren mit einem zentralen Relief der Königin *Victoria* geschmückt, einige weitere mit dem Inselwappen und numerischen Motiven. Obwohl die Ausgabestätte auf Englisch „Heligoland" lautete und die Marken die britische Herrscherin abbildeten, lautete die Währungsangabe „Schilling" (statt Shilling), denn es handelte sich um die Hamburger Kurantwährung. Philatelistisch werden die Helgoländer Marken denn auch dem altdeutschen Sammelgebiet zugeordnet und sind in jedem entsprechenden Katalog zu finden. Als 1875 die deutsche Reichswährung auf der Insel eingeführt wurde, änderte sich die Wertangabe zweisprachig in Farthing (bzw. Pence) und Pfennig. Versteht sich, dass die meisten Helgoland-Marken heute Raritäten von hohem Wert sind. Einige sind sogar sehr, sehr teuer – Tausende von Euro.

Insgesamt gelangten lediglich 20 Helgoländer Marken zur Ausgabe. Wer sich damit brüsten möchte, „eine komplette Sammlung" zu besitzen, muss jedoch weitaus tiefer jenseits dieser 20 schürfen. *Rudolf Mensendiek,* der auf der Insel das Restaurant Bielefelder Hof betreibt, besitzt eine Kollektion, die sich über mehrere Alben verteilt. In ihnen befinden sich nicht nur die O-Ausgaben, sondern sämtliche Abarten, Ganzsachen, verschiedene Stempel, Fehl- und Neudrucke, unter letzteren sogar ein kompletter Bogen mit einer kopfstehenden Mittelprägung der *Victoria.* Eine Kuriosität, wenn auch nicht von hohem Wert. Denn bei Übernahme der britischen Post durch das Kaiserreich im August 1890 gerieten zahlreiche Druckstöcke der Originalmarken in private Hände, worauf fleißig Neudrucke produziert

helgo_154

wurden. Diese in den Katalogen mit „ND“ verzeichneten Marken sind durchaus nicht völlig wertlos, können mit den Originalen aber natürlich nicht mithalten. Wer heute Helgoländer Marken für Sammlerzwecke erwirbt, sollte vor allem die teureren Ausgaben von Fachleuten sorgsam prüfen lassen. Philatelist *Mensendiek* steht, sofern ihm sein Restaurantbetrieb ein paar Minuten Zeit lässt, gern mit Ratschlägen zur Verfügung, möchte aber verständlicherweise nur von seriösen Sammlern konsultiert und nicht mit irgendwelchem Kleinkram belästigt werden.

Postwertzeichen mit Inselmotiven erschienen auch im Dritten Reich und zu Zeiten der Bundespost. Selbst einige Marken von Bhutan (!), Ghana, Mauretanien und Paraguay nehmen auf Helgoland Bezug, doch in allen diesen Fällen kann natürlich nicht von wahren „Helgoländern“ die Rede sein. Kurios ist die Geschichte einer Sondermarke, die die Halunder gern 1990 zum 100-jährigen Jubiläum auf ihre Briefe geklebt hätten. Weit im Vorfeld war der Entwurf schon fertig und alles guter Hoffnung, doch die Post machte einen Strich durch die Rechnung. Bereits 1972 war eine Helgoland-Marke erschienen, und nur alle 20 Jahre darf nach den postalischen Bestimmungen ein Ort oder eine Person mit einer Sonderausgabe gewürdigt werden. Immerhin reichte es 1987 für eine 70-Pfennig-Serienmarke mit der Langen Anna – Helgoland hatte „sein eigenes“ Postwertzeichen.



helgo_155-1

helgo_155-3

helgo_155-2

helgo_155-2

der schon 1868 in die recht dürftige Helgoländer Kulturlandschaft, weswegen man ihn zunächst für verrückt erklärte. Seitens der Einheimischen jedenfalls. Doch von den durchweg zu den gehobenen Bildungsständen gehörigen Besuchern wurde die neue Errungenschaft, Vorläufer einer heute fast obligatorischen Bespaßung, dankbar willkommen geheißen. Denn nicht nur konnte man sich so in diesem fernen Erdenwinkel unterhalten lassen, nachdem man seinen Rundgang absolviert hatte. Das Helgoländer „Kurtheater" zeichnete sich zudem durch niveauvolle Darbietungen aus, zu denen sich namhafte Darsteller einfanden, und es genoss deshalb einen überinsularen guten Ruf.

Im Großen und Ganzen war es den Halundern unter britischer Oberhoheit, alles zusammengerechnet, also eigentlich ganz gut gegangen; **Helgoländer und Briten verstanden sich ausgezeichnet.** Das Regime war alles andere als das, was man sich gemeinhin unter „kolonial" mit allen seinen Ungerechtigkeiten vorstellt, sondern ausgesprochen milde und im Zweifelsfall immer auf Seiten der keineswegs unterdrückten Einheimischen gewesen. Mitte der zweiten Hälfte des

„An der Falm, wo eine Reihe von Wirthshäusern steht, hingehend, gelangt man bei den letzten Häusern zur Residenz des Gouverneurs, die aus einigen kleinen netten Häusern besteht, an die sich ein hübscher Garten und ein Hühnerhof anschließt. Der Marstall des Gouverneurs besteht aus einer Kuh, die einzige, welche auf der Insel existirt und worauf die Helgoländer mit Stolz und Bewunderung blicken."

*Aus: „Von Hamburg nach Helgoland", 1856*

19. Jahrhunderts erlitt der Badebetrieb zwar im Zeichen eines allgemeinen wirtschaftlichen Niedergangs in Deutschland einen fühlbaren Einbruch, und 1871 wurde sogar die Spielbank wegen mangelnder Nutzung geschlossen. Doch als der tüchtige *Maxse* 1882 die Insel verließ, war schon alles wieder im Lot, und alle Indikatoren wiesen steil nach oben. Dies war genau der richtige Zeitpunkt, die Insel dem Deutschen Reich einzuverleiben. Hinter den Kulissen hatte sich eine solche Entwicklung bereits angebahnt.

**Helgoland wird deutsch**

Es sollte noch ein paar Jahre dauern, bis die Verhandlungen zwischen Briten und Preußen zu einem Abschluss kamen. Sie waren unter anderem von dem englischen Grundgedanken getragen, sich dem noch nicht lange existierenden Deutschen Reich in Freundschaft erkenntlich zu erweisen. Am **10. August 1890** war es so weit. Kaiser *Wilhelm II.* nahm die Insel feierlich in Besitz, während Kanonen böllerten, Hochrufe auf Deutsch und Englisch erklangen, flotte Marschmusik (und *Fallerslebens* Deutschlandlied) erscholl und Flaggen auf- und niedergezogen wurden. Umsonst gab es Helgoland aber keineswegs. **Im Austausch** heimste Großbritannien die ostafrikanischen Sultanate **Sansibar und Witu** ein, die bislang unter deutscher Kolonialherrschaft gestanden hatten, und bis heute zerbrechen sich alle möglichen Leute mit Einschluss von Historikern noch die Köpfe darüber, wer denn bei diesem Handel das bessere Geschäft gemacht haben mochte. Damals wurde das Tauschobjekt Helgoland ob seiner Winzigkeit verachtungsvoll „der Hosenknopf" genannt, und viele Deutsche waren durchaus nicht der Meinung, dass ihr Kaiser da einen klugen Schachzug getan hatte. Auf den jetzigen Status quo bezogen, besteht jedoch aller Grund zur Zufriedenheit. Wir haben Helgoland (wieder), die Briten ihre (damals ungleich wertvolleren) afrikanischen Kollaterale aber schon längst nicht mehr ...

helgo_158 Foto: rh

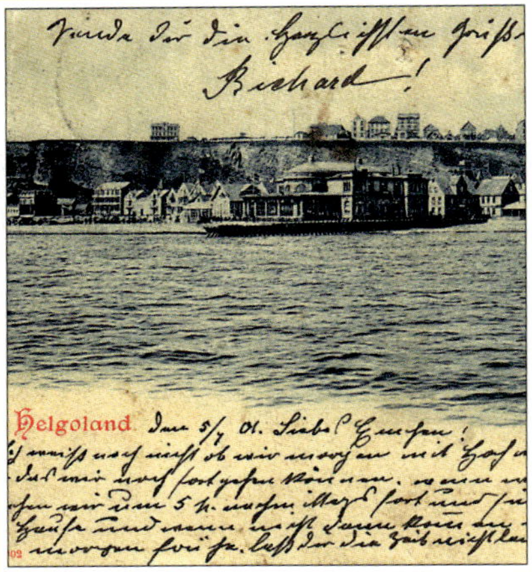


# Helgoland anno dazumal

„Helgoland, d.h. Heiliges Land, so genannt nach dem Tempel der Hertha, eine etwa 10 Meilen von den Mündungen der Elbe, Weser und Eider in der Nordsee gelegene Felseninsel, zu England gehörig, hat einen Längendurchschnitt von 2200 Schritten; ihre grösste Breite ist 650 Schritte; ihre höchste Höhe wird auf 216 F. angegeben. Sie besteht aus dem eigentl. Helgoland mit etwa 400 Wohnhäus. und aus der Düne. Man unterscheidet das Ober- und Unterland der Felseninsel, welche eine 500 F. lange Felsenlinie trennt. Eine sehr bequeme Treppe von 180 Stufen führt vom Unterland nach dem Oberlande. – Die Felseninsel hat 2 Häfen, den Norder- und den Suderhafen, eine Kirche, Leuchtthurm und den alten Feuerthurm.

Die Bewohner sind grösstentheils Seeleute, Lootsen u. Fischer. In ihren Sitten rein wie die Luft, welche ihren Felsenpunkt im Meere umgiebt, üben sie Gastfreiheit und sind aufopfernd, wo Gefahr droht. Die meisten ihrer Wohnungen sind zur Aufnahme von Badegästen eingerichtet; ausserdem fehlt es nicht an trefflich eingerichteten Gasthöfen. Wegen Vorausbestellung einer Wohnung wendet man sich an die Badedirection. – Die Hauptbadestelle ist auf der ¼ Stunde entfernten, unbewohnten Düne, wohin man auf Booten fährt. Dort findet man über 100 Badekutschen. Auf der Badestelle für Herren ist ein Pavillon errichtet, für die Damen wird während der Badezeit ein geräumiges Zelt aufgeschlagen. Auch am Strande der Felseninsel selbst werden mehrere Badeplätze benutzt. In dem neuen Badehause kann man sowohl kalte als warme Bäder haben. Ein grosser Vorzug des Helgolander Seebades besteht darin, dass unabhängig von Ebbe und Fluth zu jeder Tageszeit sicher gebadet werden kann. Man zahlt für ein Dutzend Wagenbäder 8 Mk., für ein einzelnes Bad 12 Sch. (Zeltbäder billiger: Dutz. 5 Mk., einzeln 8 Sch.), für 1 Handtuch 2 Sch., für die Ueberfahrt von und nach der Badeinsel 4 Sch. Die Zimmermiethe beträgt nach Umständen 6–12 Mk. wöchentlich. – Im Conversationshause und bei den wohlhabenderen Einwohnern hat man den Mittagstisch zu 1 Mk. 8 Sch. Man kann übrigens die vollständige Beköstigung bei den Wirthen bedingen, je nach den Ansprüchen für 3–6 Mk. täglich. Preuss. Geld, auch Kassen-Anweisungen von 1 oder 5 Thaler werden, der Thaler zu 40 Sch. Hamb., gern in Zahlung genommen. Ungeachtet der Abgeschiedenheit vom fruchtbaren Lande, fehlt es nicht an frischen Gemüsen, Früchten, gutem Wein u.s.w., indem die Dampfschiffe und die Helgolander Sniggen alle Bedürfnisse herbeiführen. Die Badegäste leben hier ungezwungen, alle steife Etiquette ist verbannt. Die Localität führt die Geselligkeit unwillkürlich herbei; man macht gemeinschaftlich Wasserfahrten rund um die Insel, findet Unterhaltung im Conversationshause, in den Pavillons am Strande, durchstreift die Insel, welche hier und da höchst groteske Bildungen aufzuweisen hat, zum Beispiel: die Höhle Yung Gatt, Möhrmers Gatt etc.; auch gewährt die Jagd auf Seehunde, Möven etc., so wie die Fischerei vielen Gästen angenehme Unterhaltung. Im Conversationshause wird musizirt, getanzt und auch gespielt. – Der Leuchtthurm ist ohne brennbares Material aus Stein und Metallen aufgeführt. – Die Badezeit dauert von Mitte Juni bis gegen Ende September."

*Aus: „Das Illustrirte Reisebuch", Berlin 1869*

## Pflaumen in Armagnac

„Wenn keiner dasteht,
ist das auch eine Form der Stichprobe."
Leiter des Zollamts Frankfurt-Flughafen

Zum Reiz des kleinen Abenteuers trägt Helgolands anhaltender zollfreier Status bei, der (im Gegensatz zu den so genannten Butterfahrten) von der EU-Kommission über den 30. Juni 1999 mit offenem Ende nach oben verlängert wurde. Die Insel ist Zollfreigebiet, in dem man allerlei Konsumgüter günstig erstehen kann. Allerdings in eng bemessenen Grenzen. Raucher- und Trinkerherzen schlagen auf Helgoland schneller (wenn auch nicht unbedingt länger), denn die respektiven Suchtstoffe sind vergleichsweise billig. Günstig angeboten werden auch Schmuck und Uhren. Bei den meisten anderen Waren darf man sich aber den Blick nicht trüben lassen. Vieles in der Rubrik „Duty-free" ist erheblich teurer als auf dem Festland. Was nur allzu verständlich sein dürfte, denn von dort musste es ja unter großem Aufwand erst auf die Insel gekarrt werden. Und wer schleppt schon „5 kg Butter, 1 Tierkörper Geflügelfleisch" (beides tunlichst nicht bei Sommerhitze), ein Kilo „Pflaumen in Armagnac" oder einen „Doppelliter Met" mit nach Haus – Artikel, die säuberlich in der Zollbestimmung als abgabenfrei verzeichnet sind? Das eine oder andere Schnäppchen lässt sich auf Helgoland schon machen, aber nicht das ganz große Geschäft. Denn bei der Abfahrt vom „Eiligen Land" verlässt man schon an der Pier (bzw. am Flugplatz) das Zollfreigebiet. Und dort steht zumeist jemand in Grün, der so tut, als schaue er nicht so genau hin. Doch er kennt seine Pappenheimer. Die Oma, die aus sportlicher Leidenschaft schmuggelt, die Kinderkarre voller Schnaps, der ans Bein geschnallte Lullenkarton – dafür hat er einen geübten Blick. Ab und zu erfolgt mal ein „Zugriff" – und dann kann's so teuer werden, dass der hoffnungsfroh errechnete „Profit" gleich mehrfach in die Hosen geht.

Für weitere fiskalische Freigrenzen siehe Kapitel „Insel-Info A–Z, Einkaufen".

Politisch wurde die Insel dem preußischen Staat zugeschlagen und die Gemeinde **in die Provinz Schleswig-Holstein eingegliedert.** Von Nachteil war die Übernahme für die Halunder zunächst keineswegs. Sie brauchten sich auf keine neue Sprache umzustellen, denn sie hatten schon immer Deutsch gesprochen und als Seefahrer vor allem enge Kontakte zu Hamburg gepflegt. Auch waren sie vom deutschen Wehrdienst befreit, und die Insel blieb weiterhin – bis auf den heutigen Tag – **Zollausland.** Man durfte also mit zollfreien Waren Handel treiben. Dieser Ausnahmestatus stellte von Anfang an – mit einigen höchst unerquicklichen Unterbrechungen – die Weichen für eine lukrative Geschäftsentwicklung.

**Gute Zeiten, schlechte Zeiten**

Die ersten „Kaiserjahre" waren von vielen Annehmlichkeiten geprägt; die Zeit um die **Wende ins 20. Jahrhundert** war eh eine der besten für alle Teutschen. Auf Helgoland wurde kräftig investiert und gebaut – leider nicht immer sehr inselgerecht, aber das erledigte sich später –, und die **Kurgäste** kamen in großer Zahl: 1905 zählte man bereits 27.000 von ihnen. Ob die immer noch weitgehend auf freie Fischerei und Subsistenzwirtschaft ausgerichteten Halunder sich darüber freuten, jetzt Betten zu machen und Schuhe putzen zu dürfen, ist nicht überliefert. Schon neun Jahre darauf mussten sie ohnehin das Feld räumen. Derartiges war ihnen unter Dänen und Engländern nicht widerfahren; jetzt, unter deutscher Flagge, ging's unverzüglich ans Eingemachte. Denn *Wilhelm II.* hatte das Eiland nicht mit der Absicht erworben, aus ihm ein Badeparadies zu machen, obwohl noch 1891, gleich nach der Übernahme, ein neues „Conversationshaus" gebaut wurde, das den Charakter einer Kurzentrale besaß. Nein, der Kaiser wollte Helgoland in eine **Seefestung** verwandeln, in ein unversenkbares Panzerschiff, das die deutschen Nordseeküsten in dem schon längst vorgezeichneten Krieg schützen sollte.

„Helgoland, du deutscher Port,
Schütze uns nun immerfort.
Sende deine Feuerszeichen,
Dass die Feinde scheu entweichen.
Zeige dich als starke Wehr,
Uns zum Ruhme, dir zur Ehr."

Postkarteninschrift, 1901

Von 1908 bis 1916 schusterte das Reich über 40 Millionen Goldmark in den **„deutschen Port".** Die Helgoländer Hafenanlagen wurden ausgebaut und erstmals wirksame Maßnahmen gegen den Ansturm der See getroffen. Ganz nebenbei gingen durch diese Tätigkeiten 85 Hektar Hummerfanggründe verloren, worüber sich die Halunder nicht freuten. Auch bohrte man zahlreiche Tunnel und Kasematten in den Felsmonolithen und installierte diverse Geschützbatterien, deren Feuerkraft allerdings von jedem damaligen Großlinienschiff übertroffen und deshalb tendenziell überschätzt wurde. Da waren die Halunder nur im Wege und mussten (im Januar 1915) gehen. Als sie nach dem für ihren Kaiser so ungünstig ausgegangenen Waffengang die Insel wieder betraten, fanden sie einen **Trümmerhaufen** vor. Die Zugänge zu den Kasematten waren gesprengt worden, und die dicken Kanonen, unter deren Mündungen die Engländer ungehindert mehrere deutsche Schiffe versenkt hatten, gingen als Kriegsbeute in fremden Besitz über.

**Neubeginn** Das Leben auf der verwüsteten Insel geriet jedoch bald wieder in Gang, denn verglichen mit dem, was sich später ereignen sollte, waren die Schäden relativ gering. Auch der Fremdenverkehr kam schnell in neuen Schwung. Die Seebäderdampfer liefen wie zuvor fleißig die Insel an, **1925** wurde die **erste Jugendherberge** gebaut, und alles hätte sich jetzt zum Besten entwickeln können. Doch schon **ab 1934** wurde in gewohnter Manier mit frischen **Aufrüstungsarbeiten** begonnen. Die kaiserlichen Kasematten, wegen lascher Durchsetzung der Versailler Vertragsbedingungen großenteils intakt geblieben (denn man hatte nur die Eingänge gesprengt), wurden wieder geöffnet und zu weiträumigen Bunker- und Tunnelsystemen ausgebaut. Die Hafenanlagen erweiterte man zügig für die Aufnahme großer Kriegsschiffseinheiten und U-Bootflottillen. 1937 begann das Oberkommando der Marine, ein schon 1933 konzipiertes utopisches **Hafenkonzept** für die Insel, die so genannte **Hummerschere,** zu realisieren. Danach sollte der alte Felssockel rund um Helgoland und Düne als Fundament für Molen und Uferbefestigungen genutzt werden, die beträchtlichen Zwischenräume wollte man aufspülen und dieserart neues Land gewinnen. Eine Insel von gänzlich neuen Konturen sollte entstehen, mit einem riesigen Hafenbecken im Norden, das die gesamte deutsche Flotte aufnehmen konnte.



helgo_163 Foto: rh

## *Inselgeld*

Chronischer Kleingeldmangel während des 1. Weltkriegs und ganz besonders in den Jahren unmittelbar danach zwang Hunderte von deutschen (und österreichischen) Städten und Gemeinden zur Herausgabe lokalbezogenen „Notgeldes". Es handelte sich dabei um kleine bunte Scheine niedriger Denomination, kaum mehr wert als das Papier, auf dem sie gedruckt waren. Das Notgeld genügte aber den Anforderungen des örtlichen Zahlungsverkehrs und war insofern – zunächst – „richtiges" Geld.

Im Lauf der Nachkriegsjahre druckten immer mehr Kommunen und schließlich sogar kleinste Einheiten wie Sparkassen, Fabriken, Vereine, Kaufmannsläden und Kneipen ihre Scheinchen. Am Ende dieser enormen pekuniären Schwemme existierten allein innerhalb des Deutschen Reiches Tausende von Notgeldausgaben. Wie viele es genau waren, weiß man bis auf den heutigen Tag nicht. Selbst die Katalogisierung ist fern von einem endgültigen Abschluss, die Forschung noch in vollem Gange.

Die Insel Helgoland machte bei diesem Geldsegen keine Ausnahme. Eine Anzahl von Ausgaben der „Spar- und Leihkasse der Landgemeinde Helgoland" erschien zwischen 1919 und 1921, die letztere bezeichnenderweise gedruckt in Lindenberg im Allgäu. Durchweg mit den so pittoresken insularen Motiven geschmückt oder auch mit dem einen oder anderen knorrigen Fischermann (der Hummer fehlt natürlich ebenfalls nicht), waren die Scheine schon damals begehrte Sammelobjekte. „Wenn die Werte auch verfallen, freut sich doch der Sammler sehr", hieß es seinerzeit. Heute hat das alte Inselgeld (das nur auf Helgoland Gültigkeit besaß) an Attraktivität nur dazugewonnen, aber ein Vermögen, ganz im Gegensatz zu den beschriebenen Briefmarken, ist es nicht wert.

helgo_165-3

helgo_165-1

helgo_165-4

helgo_165-2

Kaum waren die hirnrissigen Pläne der Militärs zu Papier, da wurden sie auch schon in die Praxis umgesetzt. Die Zeichen standen, noch nicht für jedermann erkennbar, schon längst wieder auf Krieg. 440.000 Kubikmeter Beton wurden auf das unschuldige Eiland gegossen, 32.000 Tonnen Stahl verbaut. Kurz vor dem 2. Weltkrieg glich die Insel einer einzigen hässlichen Großbaustelle.

**Antisemitismus**

Der lärmende Betrieb, die militärische Präsenz, der so ganz unhelgoländische Staub und Dreck, das alles verleidete selbst den glühendsten Inselfans den Aufenthalt. Hinzu kamen antisemitische Aussperr-Aufforderungen, die der damalige Bürgermeister in Aufbruchstimmung am Anleger aufstellen ließ. Den sogenannten **Bäder-Antisemitismus,** der Juden von den Nordseeinseln fernhalten sollte, hatte es schon **im 19. Jahrhundert** gegeben. Vor allem der Adel und das gehobene Bürgertum, die einzigen Ferienreisenden der imperialen Zeit, wehrten sich gegen die wirtschaftlich erfolgreichen jüdischen Erholungssuchenden, die ihren pekuniär erreichten sozialen Status demonstrativ zur Schau stellten und solcherart Neid und Missgunst erregten. Die Kurverwaltungen machten diese „Bewegung" zum Teil willig mit, **an der Spitze Borkum,** das sich um die vorletzte Jahrhundertwende geradezu zu einer antisemitischen Hochburg entwickelte. Die letzte Strophe der **„Inselhymne",** intoniert von der Kurkapelle und von den Badegästen begeistert mitgegrölt, hieß seinerzeit:

„Doch wer dir naht mit platten Füßen,
mit Nasen krumm und Haaren kraus,
der soll nicht deinen Strand genießen,
der muß hinaus! Der muß hinaus! Hinaus!"

Obwohl diese Hysterie sich auch auf andere Inseln ausbreitete, blieb **Helgoland** von ihr weitgehend verschont; die Insel galt sogar als **ausgesprochen „judenfreundlich".** In den 1920er Jahren unternahmen staatliche Instanzen ohnehin verstärkte Anstrengungen, dem finsteren Treiben ein Ende zu bereiten. Doch **von 1933 an** ging alles wieder von vorn los und wurde **immer schlimmer.** Schon Ende 1935 gab es keine jüdischen Urlauber mehr in den deutschen Seebädern, und 1937 wurde insofern sogar ein administrativer Schlusspunkt gesetzt. Zwangsläufig geriet deshalb auch Helgoland in diesen Strudel, zumal ein Mitglied einer alteingesessenen Inselfamilie 1923 an *Hitlers* berüchtigtem „Marsch auf die Feldherrnhalle" in München teilgenommen hatte und für Führer, Volk und Vaterland zum Märtyrer geworden war, mithin als leuchtender Held der Nationalsozialisten galt. Die Schilder am Kai hatten deshalb schon gar keine Bedeutung mehr. Aber ein Wichtigtuer hatte sie aufgestellt, und Wichtigtuer hatten fortan in Deutschland das Sagen – was sich für Helgoland besonders prekär auswirken sollte.

**Wieder Krieg**

Die letzten Urlauber, die Helgoland noch angelaufen hatten, waren **KdF-Touristen.** Sie kamen in Massen und bescherten der Insel erstmals nach ihrer Gründung als Seebad quirlige Tagesgastinvasionen als Muster für spätere Praktiken. Doch mit **Kriegsbeginn** war auch damit jählings Schluss. Jedes **Strand- und Badeleben erlosch.** Bis auf die kriegsfähigen Männer – die schöne Wehrdienstbefreiung war schon längst abgeschafft worden – verblieb die Bevölkerung vorerst auf der Insel, auch Fisch- und Hummerfang wurden weiter ausgeübt. Da Helgoland fernab der umkämpften Fronten lag und auch „Festungen im Meer" längst nicht mehr den früheren Stellenwert besaßen, war der Felsen strategisch im Grunde von geringer Bedeutung und für die Alliierten zunächst kein Angriffsziel. Im **Frühjahr 1943** nahmen **amerikanische Bomber** jedoch erstmals Kurs auf die Insel. Helgolands Bevölkerung überlebte in den verzweigten Stollen die Bombardements, doch ihr

helgo_168 Foto: pdh

Bleiben sollte nicht mehr lange sein. Vielleicht hätte sie sich die endgültige Evakuierung ersparen können, denn gegen Kriegsende hatte sich auf der Insel eine **Widerstandsbewegung** formiert. Diese nach ihrem einheimischen Initiator benannte **Friedrichs-Gruppe** wollte Helgoland am 18. April **1945** kampflos an die Engländer übergeben. Die geplante Aktion flog indes durch Verrat auf; sieben Mitglieder der Bewegung mit Einschluss von *Friedrichs* wurden erschossen. Am Mittag des gleichen Tages unternahmen nahezu 1000 alliierte Flugzeuge **drei Großangriffe** auf die Insel. Nach knapp zwei Stunden, und nachdem fast 5000 Tonnen Bomben abgeworfen worden waren, lag **Helgoland in Schutt und Asche,** 120 Menschen waren ums Leben gekommen. Was noch halbwegs

Nach der Bombardierung liegt die Insel in Schutt und Asche

intakt war, fiel bei einem weiteren Angriff am Folgetag dem finalen Untergang anheim. Jetzt gab es für die **Räumung der Insel** kein Vertun mehr, am 12. Mai fand sie statt. Auf 150 Ortschaften auf dem Festland verteilt, waren die Halunder dieses Mal dazu verdammt, sieben lange Jahre auf ihre Heimkehr zu warten. Kurz nach der Kapitulation wurde der Trümmerhaufen am 14. Mai an englische Landetruppen ausgeliefert, und wer bis jetzt noch auf der Insel verblieben war, unwiderruflich auf das Festland verwiesen.

**Big Bang**

Was danach folgte, ist die schmählichste Phase in der gesamten Helgoländer Geschichte, von unendlicher zerstörerischer Tragweite. Dass die Insel im letzten Kriegsjahr massiven Bombardements ausgesetzt war, wird man notfalls zu akzeptieren bereit sein; schließlich saß auf ihr ja „der Feind". Doch was dem einstigen Naturparadies nach der Kapitulation angetan wurde, kann man nur als blindwütigen **Akt des Revanchismus** bezeichnen, wie er nirgendwo anders als in dumpfen Kommissgehirnen geboren werden konnte. Vielleicht war den **Engländern** bewusst geworden, dass sie seinerzeit einen schlechten Handel gemacht hatten; die Deutschen sollten jetzt ihres Tauschobjekts verlustig gehen, ein und für allemal. Womöglich war es auch reiner Antagonismus, der die Sieger veranlasste, den unsinkbaren Panzerkreuzer Helgoland versenken zu wollen. Sie setzten jedenfalls alles daran, die Insel von der Seekarte zu tilgen, und das sollte nach ihren Vorstellungen die **„Operation Big Bang"** erledigen. Petitionen von verschiedenen Seiten wurden von den Engländern ignoriert. Dem Landkreis Pinneberg, dem die Insel bislang angehört hatte, wurde im September 1946 mitgeteilt, „dass die Gemeinde Helgoland rechtlich nicht mehr bestünde" und **der Royal Navy unterstellt** sei, und im Dezember darauf hieß es seitens der britischen Kontrollregierung: „Einer baldigen Rückkehr der Inselbewohner stehen unüberwindliche Hindernisse entgegen" – die beabsichtigte Auslöschung Helgolands nämlich, deren Kenntnis schon längst öffentliches Gut war. Noch am 10. April **1947** wandte sich das Land Schleswig-Holstein mit der Bitte an die britische Militärverwaltung, von ihrem Big Bang abzusehen. Vergebens. Acht Tage später lösten die Briten, nachdem sie in monatelanger Schwerarbeit die kilometerlangen Hohlräume der Insel mit **6700 Tonnen Munition** vollgestopft hatten, präzise mit dem dritten Sekundenton des 13-Uhr-Signals der BBC die **größte nichtnukleare Sprengung aller Zeiten** per Fernzündung aus, sinnigerweise von einem Zerstörer. Die riesige Sprengstoffmenge flog mit einem gewaltigen Donnerschlag in die Luft, der die Seismographen in ganz Europa erzittern ließ und bis an die Küste hörbar war, wo mancher Halunder mit geballten Fäusten am Deich stand. Doch als sich der drei Kilometer hohe Rauchpilz verzogen hatte, war die Insel zur Verblüffung der Täter immer noch da. Der über 200 Millionen Jah-

helgo_170 Foto: pdh

re alte Sandsteindeckel des Oberlandes war durch den Urknall unmerklich angehoben worden, aber er zerbarst nicht, sondern das Schichtgestein ließ den Explosionsdruck großenteils seitlich entweichen und solcherart verpuffen. Zusätzlich federte der unterhalb des Inselmassivs gelegene voluminöse Salzstock die Sprengwirkung ab. Dennoch wurde der südliche Teil des Oberlandes, der einst den Hafen überragt hatte, zur Gänze zerstört, und auch der berühmte Einzelfelsen „Mönch" und einige weitere Monolithen gingen diesen Weg. Mit der Schutthalde, die auf diese Weise entstanden war, besaß Helgoland jetzt erstmalig ein „Mittelland". Zwei weitere Großsprengungen versetzten den verbliebenen Trümmern den Rest. Bizarrerweise ragte nur noch der alte Flakturm auf dem Oberland fast unversehrt wie ein trotziges Fanal aus dieser Orgie der Vernichtung heraus.

**Friedliche Befreiung**

Nach dem verpufften Big Bang erklärten die Briten die Insel zum **Bombenzielgebiet** und ließen in der Folgezeit auf die „Buntsandsteinscholle" niederrauschen, was die Abwurfschächte der Royal Air Force nur hergeben wollten. Doch jetzt hatte sich ein erstes dünnes Selbstbewusstsein unter den Verlierern aufgebaut. Die Sprengungen hatten bereits heftige Proteste ausgelöst, nicht zuletzt natürlich von den Halundern. Die fortgesetzten Bombardements ließen die Einsprüche zur Lawine anschwellen und den internationalen Druck auf die britische Regierung wachsen. Doch zu einem Durchbruch sollte es erst 1950 kommen, und auf recht unkonventionelle Art.

In heutigen Helgoländer Zeitdokumenten ist eher am Rande oder überhaupt nicht verzeichnet, wie es dazu kam. Denn beschämenderweise waren die **Initiatoren der „Befreiung"** keine Halunder, sondern **zwei Heidelberger Studenten,** *Georg von Hatzfeld* und *René Leudesdorff,* deren tollkühner Besetzung des Bombenfelsens die Rückgabe der Insel gegen den erbitterten Widerstand britischer Militärs zum gegebenen Zeitpunkt letztlich zu verdanken ist. Auf politischer Ebene wurde nur das getan, was für die Politik eben symptomatisch ist: geredet. Wenn man schon nichts bewegen kann, dann zumindest das Mundwerk. Aber es geschah nichts. Die (illegale) **Invasion Helgolands** fand, nach durchaus gründlichen Überlegungen des Für und Wider unter einigen wenigen Eingeweihten, **am 20. Dezember 1950** statt. Die beiden Studenten hissten auf dem Oberland Schwarzrotgold und die weiß-grüne Europaflagge, um die Loslösung Helgolands aus dem deutschen Staatsverband durch die Engländer symbolhaft zu annullieren. Der Akt zog, obwohl zunächst nur als „stupid schoolboy prank" (Dummejungenstreich) etikettiert, einen ganzen Schwanz von Gegenmaßnahmen nach sich, darunter ein verschärftes Betretensverbot der Insel. Denn mit dem „Streich" war, wie sich schnell zeigen sollte, ein gefährlicher Präzedenzfall geschaffen worden, der bald einen ganzen Landrutsch in Bewegung setzte. Immer wieder fanden jetzt „Invasionen" von Leuten verschiedenster Couleur statt, darunter sogar Propagandisten der KPD und der FDJ. Zur Wende auf das Jahr 1951 befanden sich nicht weniger als 50 Personen auf der zerbombten Insel, und diverse Kutter tuckerten hin und her, während zur Kollaboration mit den Briten verpflichtete deutsche Dienststellen untätig zusahen oder den Protagonisten sogar augenzwinkernd Hilfestellung gaben. Nicht nur das. Geld- und Sachspenden aus ganz Deutschland liefen ein, um diese Aktionen zu unterstützen; auch Sympathisanten aus anderen europäischen Ländern beteiligten sich daran. Endlich auch, am **30. Mai 1951,** gerieten die **Halunder** selbst in Gang. Sie ließen eine **Resolution** los (allerdings weniger gegen die Engländer als gegen

## Erklärung des Helgoländer Fischervereins

„Wir Helgoländer Fischer sind auf unserer Heimatinsel, um gegen die Vorgänge der letzten Zeit zu protestieren, von denen wir unmittelbar betroffen sind. Wir verwehren uns mit allem Nachdruck dagegen, daß unsere Heimatinsel zum Tummelplatz parteipolitischer Propaganda wird. Am allerwenigsten hat die FDJ das Recht, sich zur angeblichen Vertreterin unserer Interessen zu machen.

Das Recht auf unsere Heimat ist vor der Welt unbestritten, sechs Jahre nach Kriegsende enthielt man uns dieses elementare Menschenrecht noch immer vor. Die Aktion Helgoland, die aus den Reihen der ersten Invasoren hervorgegangen ist, steht geschlossen hinter uns. Unsere Existenz-, Fisch- und Hummerfanggründe liegen in unmittelbarer Nähe der Insel, deren Häfen wir als Schutz- und Anlaufstelle dringend benötigen.

Wir wollen nicht tatenlos zusehen, daß die letzte für uns noch brauchbare Hafenanlage durch weitere Bombenabwürfe und durch rücksichtslosen Schrottdiebstahl unbrauchbar gemacht wird. Das uns zugebilligte Recht, den Hafen als Schutz vor Sturm und Seegang anzulaufen, nützt uns nichts, wenn wir im Hafen fast regelmäßigen Bombenabwürfen ausgesetzt sind.

Wir rufen allen Menschen guten Willens in Deutschland und in aller Welt zu: Helft uns in unserem gerechten Kampf um die Rückkehr auf unsere Heimatinsel!

Das Recht ist unmittelbar, und Recht muß wieder Recht werden auch für uns Helgoländer und auch für Deutschland und damit als Grundlage für ein freies und geeintes Europa."

*Aus: „Cuxhavener Rundschau" vom 31.5.1951*



missliebige Mitbürger gerichtet, siehe Exkurs), und eine ganze Schar von ihnen machte sich gleich nach Ankunft vor der Inselküste, so als wäre alles normal, symbolträchtig an den Fisch- und Hummerfang. Konnte man unter diesen Umständen noch Bomben auf die Insel abwerfen? Nicht mehr lange, erwies sich. (Obwohl der britische General *Robertson* noch 1949 in der „Festung Helgoland" aus unerfindlichen Gründen eine „Gefährdung Europas" gesehen hatte.) Die Einsicht, dass das Eiland im Frieden mit militärischen Mitteln nicht gegen gewaltlose Besetzungen zu halten war, veranlasste den britischen Hochkommissar *Sir Ivone*

*Kirkpatrick,* sich bei seiner Regierung zugunsten Helgolands gegen die Betonköpfe ein- und durchzusetzen. **Am 1. März 1952,** fast sieben Jahre nach Kriegsende und nachdem diesem Datum noch im Februar ein Bombardement vorausgegangen war, **wurde Helgoland frei.** Jetzt hatten die Politiker wieder das große Wort und alles schon vorher gewusst.

**Wiederaufbau**

Die Neuentstehung Helgolands geriet noch **1952,** im Jahr der Freigabe, in Bewegung, und schon im gleichen Jahr, kaum dass die letzten Blindgänger halbwegs beiseite geräumt waren, lag das **erste Bäderschiff vor der Insel auf Reede.** Es war die „Rudolf" der Cuxhavener Reederei Cassen Eils, und eine Hin- und Rückfahrt kostete damals 12–15 DM. Flugs wurde auch ein **architektonischer Wettbewerb für den Wiederaufbau** ausgeschrieben. Was die Glanzleistungen angeht, die in diesem Zusammenhang das Licht der Welt erblickten, so kann man sagen: Es hätte schlimmer kommen können. Die riesigen, Flugplatzterminals ähnelnden Stahl- und Glaspaläste, wie sie zum Beispiel der Architekt *Hans Scharoun* in Szene setzen wollte, fanden in den Augen der Inselplaner Gott sei Dank keine Gnade. Doch auch so wurde die einstige Beschaulichkeit, die den ganz großen Reiz der Insel ausgemacht hatte, nicht wieder hergestellt. Zwar waren Spuren eines mediterranen Ambientes – verwinkelte Gässchen, zum Schutz vor dem immerwährenden Wind dicht aneinander geschmiegte kleine Häuser, viel Grün – bis ins 20. Jahrhundert hinübergerettet worden, und sogar noch über den 1. Weltkrieg hinaus. Aber alles dies war den Bomben des zweiten Krieges zum Opfer gefallen – für immer. Keiner sage indes, ein von Gedankenlosigkeit getragener Bauboom hätte nunmehr eingesetzt, denn man ging durchaus überlegt vor. Über die gewollte Einheitlichkeit der – zum Teil nicht sehr schönen – heutigen Baulichkeiten kann man geteilter Meinung sein und mag einem damaligen Urteil, es handele sich hier um „die Blaue Mauritius der jungen bundesrepublikanischen Architektur", nicht unbedingt zustimmen. Einem dem Skandinavischen entlehnten kargen Genre wurde der Vorzug gegeben, was nicht gerade zu neuer Herzenswärme beitrug. Doch immerhin engagierte man auf der Höhe der Wiederaufbauphase sogar einen Fachmann, der als Farbberater fungieren sollte. Der Maler *Johannes Ufer* entwickelte einen Plan mit 14 Farben, um die strengen Konturen des Felseneilands zu mildern; gegen die **kalte Eckigkeit des modernen Baustils** vermochte er dennoch nichts auszurichten. Es ist alles komfortabel und funktionell auf der Insel, niemand braucht zu hungern und zu frieren. Aber nirgendwo wird sich die kuschelige Behaglichkeit finden lassen, wie sie *Rudolf Jordan* auf seinem Öl-

helgo_175 Foto: abg

helgo_176 Foto: abg

gemälde **„Sturmläuten auf Helgoland“** 1893 dargestellt hatte. Trotz der abgebildeten hektischen Szene wirkt die ganze Atmosphäre des Bildes wärmend auf den Betrachter und vermittelt ihm vielleicht einen kleinen Begriff, weshalb die Halunder trotz so vieler Nöte ihrer Heimat stets die Treue bewahrt hatten.

**Wieder voll dabei**

Schon Mitte der 1960er Jahre war das neue Helgoland als modernstes Seebad der Deutschen Bucht wieder voll im Geschäft, und zu Beginn der Siebziger setzte vor allem im Tagestourismus ein wahrer Boom ein. **Über 820.000 Tagesgäste landeten 1973** auf Helgoland an, zwischen 2000 und 3000 pro Tag. Fast alle kamen per Schiff, nur wenige mit dem Flugzeug. Gleichzeitig registrierte die Kurverwaltung satte **415.000 Übernachtungen von Dauergästen.** Die Halunder begannen sich zufrieden zurückzulehnen. Big Bang, Heidelberger Befreiung und gesamtdeutsche Spenden – das alles war jetzt ferne Vergangenheit, der rollende Rubel regierte das Tagesgeschehen. Was sollte man noch groß verbessern; es war ja alles da, und die Kurgäste kamen auch so.

Die Rechnung ging nicht auf. Nach dem Boomjahr 1973 sank die Zahl der Besucher ständig; bei Übernachtungen bis 1987 um 40, bei Tagesgästen um 44 Prozent. Etwas schien ganz gewaltig im Argen zu liegen, selbst das Schandwort „Nepp" war mitunter zu hören. Jetzt, **1988,** bemerkte auch die Kurverwaltung, dass das perspektivlose **„Streben nach der schnellen Mark"** – so ihr eigener O-Ton – in eine **Sackgasse** führte, dass Helgoland einem schon längst nicht mehr anspruchslos dahinkonsumierenden Reisepublikum für zu viel Geld zu wenig Leistung böte. Das Ruder wurde radikal herumgeworfen.

Dieser zweite „Big Bang" zeigte mehr Wirkung als der erste. Helgoland hat sich, in den neunziger Jahren beginnend, neue Ziele gesteckt und sie großenteils auch erreicht. **Klasse statt Masse** ist heute das Motto, und obwohl die Gäste wieder in hellen Scharen anreisen (über eine halbe Million pro Jahr), können alle von dem Kuchen profitieren. Den Ratschlägen diverser Expertisen folgend, bietet sich die Insel jetzt **primär** als **„Naturerlebnis"** und maritime Erholungs-Oase an und nicht mehr als „Fuselfelsen", als der sie schon mal diffamiert wurde. Zum Thema Natur soll deshalb jetzt noch einiges gesagt werden.

helgo_178 Foto: rh

Die Inselnatur

## Flora und Fauna

Was ist auf diesem kahlen Stück Gestein im Meer, das überdies so fürchterlich zerbombt wurde, schon viel an Natur zu sehen, mag sich manch einer fragen. Bereits **Heinrich v. Kleist sprach im 19. Jahrhundert von einer „öden, nackten, von der Natur gänzlich vernachlässigten Felsscholle“.** Aber man möge sich angenehm überraschen lassen, und deshalb habe ich das Thema auch bis zu guter Letzt aufgehoben, sozusagen als feinen Nachtisch. Selbiger ist naturgemäß klein, und da es sich um den „Hosenknopf“ Helgoland handelt, ist er besonders klein. Man fürchte also nicht, sich am Schluss des Buches noch mit einem überlangen Kapitel herumplagen zu müssen.

Unstrittig ist zunächst, dass die britischen Bomben und Sprengsätze, von denen zuvor im Detail die Rede gewesen ist, der Inselstruktur und -natur schwerste Wunden geschlagen hatten. Doch der wiederholt erwähnte Autor *Erich Lüth* beobachtete schon 1962, also **nur zehn Jahre nach der letzten Bombardierung,** dass die **natürlichen Heilungsprozesse** längst in vollem Gange waren: „Junge Vegetation wuchert so üppig, dass die Sprengungslandschaft sich in eine neue Naturlandschaft zu wandeln beginnt, als sei die große Vernichtungsexplosion im Grunde genommen nur eine Naturkatastrophe gewesen, mit naturhaften Ergebnissen.“

Das ist ein Gedanke, mit dem man sich anfreunden kann. Nämlich dass die Insel Schauplatz eines Naturereignisses gewesen war, dessen **Auswirkungen** wie jene eines gewaltigen Donnerwetters sich als **vorübergehend und reparabel** erweisen sollten. Es hätte ja auch, um ein viel extremeres (rein bildhaftes) Beispiel zu nennen, zu einem Vulkanausbruch auf Helgoland kommen können. Wir wissen, was solche Geschehnisse auf anderen Inseln für Folgen gehabt haben, so auf Santorin oder Krakatau, von denen nach Explosionen, gegen die der britische Big Bang eine Knallerbse war, nur Fragmente übrig blieben. Und gar so weit muss man sich im Umfeld von Helgoland nach Vulkanen auch nicht umschauen. Im unfernen Skagerrak existierte mal einer, und sogar ein ziemlich aktiver, der auch Helgoland und die Nordseeküsten mit Asche bespien hatte – allerdings bereits in einem urzeitlichen Abschnitt der Erdgeschichte.

Wegen der isolierten Lage Helgolands hat sich auf der Insel Fauna und Flora entwickelt, die als Gesamtheit höchst ungewöhnlich und in der südlichen Nordsee sogar einmalig ist. Als **pflanzliche Besonderheiten** kommen hier einige einheimische Wildformen unserer Kulturgewächse vor. Die wilde Rübe zum Beispiel ist Ahne unserer heutigen Zucker- und Runkelrübe, der Roten Bete und des Mangolds. Der weit über die Insel verbreitete Klippenkohl ist Vorläufer vieler Kohlsorten. Diese Gewächse sind, wohlgemerkt, ausgesprochen pollenarm, und was sich sonst zum etwaigen Ärgernis von Allergikern ansiedeln könnte, wird von **Schafen** (sogar Heidschnucken) und **Rindvie-**



helgo_181 Foto: rh

**chern** kurz gehalten, die auf dem Oberland weiden und den Touristenscharen mit stoischer Gelassenheit begegnen. Sie sind halt, wie schon *Robert Louis Stevensons* liebenswerte klassische Kuh, „blown by all the winds that pass/and wet by all the showers" – ganz wie die Helgoländer selbst.

Es gibt aber auch kleineres Getier auf Helgoland. **Ameisen.** Natürlich. Kaum ein Fleckchen auf Erden, wo keine krabbeln. Der Helgoländer Stamm dürfte sich aus den Nachkommen jener Auswanderungswilligen zusammensetzen, die laut *Joachim Ringelnatz* einst von Hamburg nach Australien wollten und wegen weher Beinchen schon in Altona Pause machten, von dem Dichter dieserart lyrisch verewigt: „Und da verzichteten sie weise/Dann auf den letzten Teil der Reise". Was lag näher, als sich per Seebäderdampfer nach Helgoland einzuschiffen, und das taten sie dann wohl auch.

Doch Helgoland ist weniger wegen seiner Ameisen als wegen seines **Seegetiers** und seiner **Vogelwelt** bekannt, ja berühmt. Konsequenterweise hat man all diese Fauna unter strengen Schutz gestellt, aber der Inselbesucher kann sich einem großen Teil von ihr auf engste Distanz nähern und seine Beobachtungen und Fotos machen, ohne dass es zu Störungen käme.

**Zwei Naturschutzgebiete**

Die Insel und ihre Umgebung umfassen zwei Naturschutzgebiete (NSG), nämlich den **„Helgoländer Felssockel"** und den „Lummenfelsen". Das erste Gebiet dehnt sich um Insel und Düne und lässt in der Mitte nur eine schmale Fahrrinne frei, die für die Schifffahrt als Zwangsweg gilt. Die beiden Hälften messen insgesamt 5138 Hektar und sind damit das **größte Naturschutzgebiet Schleswig-Holsteins.** Es grenzt an den gesamten West- und Nordteil der Insel und spart an den Küsten der Düne nur die Anlegestelle aus; zum überwiegenden Teil liegt es jedoch **unter Wasser** mit Tie-

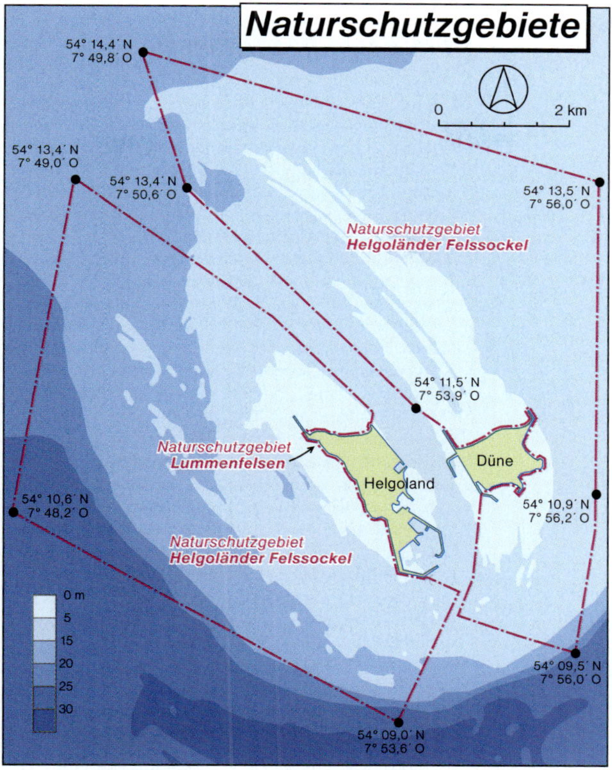




fen bis 48 Meter. Auf diesem Felsengrund gedeihen viele seltene und für die Nordsee einmalige Seetier- und Seepflanzenarten, weshalb man das Areal schon **1981 unter Schutz** stellte. Hinzugehörig ist das so genannte **Felswatt,** das unterhalb der Steilküsten bei Ebbe trocken fällt und dabei den Blick auf allein 400 Arten von Seetangen preisgibt. (Aus der Höhe erkennt man im flachen Wasser streckenweise große dunkle Flächen, die vor allem auf Fotos wie kleine Ölteppiche ausse-

# Die Helgoländer Lumme

Deutschlands einziger Seevogelfelsen gilt als kleinstes solches Areal der Erde und stellt die alleinige Brutstätte dieses zu den Alken gehörenden Vogels in unseren Breiten dar. Die Lumme, genau genommen: **Trottellumme,** brütet sonst nur an den nordeuropäischen Meeresküsten, wo sie zu den typischen Bewohnern der nordischen „Vogelfelsen" zählt.

Auf den schmalen Felssimsen der Helgoländer Westklippe finden sich alljährlich etwa 2200 Paare dieser Vögel ein, die fast das ganze Jahr hindurch auf See leben und nur in der Brutzeit das Land aufsuchen. Die Ankunft der Lummen, die mit ihrem schwarzweißen Gefieder und ihrer aufrechten Körperhaltung kleinen Pinguinen gleichen, findet von März bis Anfang April statt, zum Teil aber schon im Winter, um einen günstigen Nistplatz zu ergattern. Dicht an dicht werden dann die schmalen Vorsprünge der Felsen besetzt, und ein tausendstimmiges „Arr-arr" schallt weit vernehmbar von der Steilwand. Wegen dieses Gewusels und anschließenden Massenschlüpfens wird die Klippe scherzhaft auch „größte Entbindungsstation der Welt" genannt. Im nahen und weiteren Umfeld des Lummenfelsens haben sich **andere Seevögel** in den Steilwänden angesiedelt und gehen dort ihren Brutgeschäften nach:

helgo_184 Foto: rh

• **Basstölpel,** mit einer Flügelspannweite von fast zwei Metern die größten Seevögel des nordatlantischen Ozeans, sind erst seit 1991 auf Helgoland dabei. Die etwa 130 Paare lassen sich in der Brutzeit von März bis September/Oktober gut vom Klippenrandweg beobachten, zumal sie keinerlei Scheu an den Tag legen.

• **Dreizehenmöwen** sind mit 8000 Brutpaaren vertreten, die ihre Nester aus Tang, Algen und Grashalmen bauen und 1–3 Junge großziehen. Ihr typisches Gekreische ist schon von weitem zu vernehmen und hallt sogar von den Felswänden wider. Im August verlassen die Möwen die Insel, um wie die anderen Seevögel auf der Nordsee oder im Nordatlantik zu überwintern.

• **Eissturmvögel** (gut 100 Paare, erst seit 1972 heimisch) sind eng mit den Albatrossen verwandt. Auch diese Art, die andernorts relativ versteckt lebt, lässt sich von der Klippe gut beobachten.

• **Tordalken** ähneln den Lummen, sehen aber aus, als trügen sie einen über den klobigen Schnabel gestülpten Maulkorb. Diese Vogelart ist selten, auf Helgoland gibt es bislang gerade mal 15–17 Paare.

Die **Lumme** legt gegen Anfang Mai auf den nackten Felsen ein einziges Ei. Nester kennen diese eigenartigen Seevögel nicht. Lummeneier sind in ihrer Grundfarbe und Fleckenzeichnung sehr unterschiedlich. Die fast birnenförmige Gestalt verhindert, dass das Ei vom Felsen herunterrollt, wenn es im Gedränge der Vögel angestoßen wird. Bedingt durch seine Form dreht sich das Ei um seine Spitze und bewahrt die Stellung. Dennoch muss es ständig von den Elternvögeln in Position gehalten werden, damit es nicht doch in die Tiefe kullert. Einen Monat lang wechseln sich die beiden mit dem Brüten ab und müssen anschließend Sorge tragen, dass das Junge nicht von einer der vielen gierigen Silbermöwen geraubt wird. 20–25 Tage füttern sie das Küken nunmehr mit Kleinfischen. Lummen sind vorzügliche Taucher, die mit den Flügeln rudern und mit ihren spitzen Schnäbeln nach der Fischbeute haschen.



Links: Basstölpel; nächste Seite:
Munteres Leben am Lummenfelsen

helgo_186 Foto: rh

Es ist vor allem das ständige An- und Abfliegen der Lummen, welches den Vogelfelsen zu einem faszinierenden Beobachtungsplatz macht. Ab Mitte Juni locken die Alttiere ihre noch nicht flugfähigen und nur mit Daunen bekleideten Jungen zum so genannten **Lummensprung.** Dieser Sturz der Jungen vom hohen Felsen ins nasse Element ist zugleich der Sprung ins Leben. Aus 40–60 Metern in die Tiefe! Betrachtern bleibt bei diesem Anblick das Herz stehen. Aber keine Sorge, es passiert nichts Tragisches. Der Lummensprung steht im Programm der Natur, und er vollzieht sich ohne Blessuren, zumal die Kleinen mit ihren Stummelflügeln schon eine gewisse Bremstätigkeit ausüben können. Außerdem findet der Akt am Abend statt, wenn die Silbermöwen ihre Raubzüge eingestellt haben. (Tagesbesucher müssen deshalb auf den Anblick verzichten.) Von diesem Zeitpunkt an erlernen die Küken von den Alten das Tauchen und Fischen, und wenig später ziehen die Lummen familienweise nach den fischreichen Gewässern des Nordens. Erst auf diesem Zug werden die Jungen flügge. Und eines unfernen Tages machen sie sich erneut nach Helgoland auf, und das Spiel beginnt von vorne.

hen. Aber es sind Tangbetten, Neptun sei Dank.) Außerdem gedeihen im Felswatt Schwämme, Hydroiden, Seeanemonen, Moostierchen und Seepocken sowie zahllose Seeigel, Schnecken, Muscheln, Krabben und Krebse. Und etwas weiter unter der Oberfläche arbeitet der Hummer an seiner Wiedergeburt (s. u.). Das Felswatt darf außer für wissenschaftliche Forschungszwecke nicht betreten werden.

Das zweite NSG ist lediglich 1,1 Hektar groß und damit das **kleinste Naturschutzgebiet der Welt,** weist jedoch die größte Brutvogeldichte der Republik auf. Der **„Lummenfelsen"** im Nordwesten der Steilküste wurde bereits **1964 unter Naturschutz** gestellt und ist eine der ersten Sehenswürdigkeiten der Insel. Beobachter können sich direkt oberhalb dieses prächtigen Naturschauspiels postieren und haben aus verschiedenen Seitenansichten stets günstige Kamerawinkel und Lichtverhältnisse. Besonders schön zu fotografieren sind die Basstölpel, die an der Klippenkante eine elegante Flugakrobatik vollführen und dabei fototechnisch ideal mit dem dunklen Hintergrund der Meeresoberfläche kontrastieren oder auch gegen die Sonne hübsche „Scherenschnitte" abgeben.

Das ungestresste Verhalten der **Helgoländer Felsvögel** ist ein Zeichen dafür, dass sie sich durch die Fototouristen nicht gestört fühlen. Brutvorgänge und Flugmanöver finden statt, als sei „der Feind" gar nicht vorhanden, so wie sich Menschenkinder im Bereich latent tödlichen Straßenverkehrs unbekümmert tummeln. Ornithologen sehen das auch so, obwohl der respektive Spielraum weitgehend ausgereizt ist. Die schon seit 1979 bestehenden europäischen Vogelschutzrichtlinien verbieten spezifisch das Fotografieren mancher Arten aus nächster Nähe. Bilder von Nestlingen zum Beispiel, für die alles mögliche Instrumentarium mit Einschluss ausgeklügelter Beleuchtungsanlagen aufgebaut wurde, gelten nicht als dokumentarische Großtaten (zumal Tausende von Fotos längst existieren), sondern als Produkt massiver Störungen, an denen zahllose Bruten zugrunde gingen. Wären die Kameraleute auf Helgoland in der Lage, sich den Vögeln noch weiter zu nähern, würde es dort ebenfalls zu schweren Eingriffen in deren Lebensraum kommen – aber das geht ja gottlob nicht.

**Der Hummer kehrt zurück**

Dem im Kapitel „Die Nordsee" beschriebenen bestürzenden Niedergang des *Homarus gammarus* in den Gewässern rund um die Insel will die Biologische Anstalt Helgoland (BAH) jetzt Paroli bieten. Endziel: Der gesamte Felssockel soll als Zuchteinrichtung dienen, und von 10.000 fangfähigen Tieren pro Jahr ist die Rede. Der Zyklus beginnt in den **Aufzuchtbecken** der Anstalt, wo schon seit einigen Jahren zuversichtlich stimmende Experimente durchgeführt worden sind. Fazit: Hummer lassen sich durchaus kultivieren – sofern sie aller-

helgo_188 Foto: rh

dings nach ihrer Entlassung in die freie Wildbahn Verhältnisse vorfinden, die ihnen zusagen. So ganz ist sich die Wissenschaft noch nicht darüber einig, ob allein der Verlust seiner angestammten Habitate einschließlich mehrerer Schiffswracks im Umfeld der Insel, die gehoben wurden, dem Hummer das Helgoländer Ambiente verleidete. (Einige Wracks sind immer noch da, so die britischen U-Boote E 10 und E 16 aus dem 1. Weltkrieg, die von deutschen Tauchern erst 2003 gefunden wurden.) Eine weitaus größere Rolle hat womöglich die industrielle Verschmutzung der Nordsee gespielt, vor allem durch Öle. Denn der Hummer ist ein Nasentier im Extrem. Schon einige Mikrogramm Erdöl pro Liter Seewasser reichen aus, um seine Chemorezeptoren in heillose Verwirrung zu stürzen. Dann funktioniert auch die Fortpflanzung nicht mehr, und dann geht natürlich überhaupt nichts mehr.

Falls das Großexperiment Erfolg haben sollte – und alle Zeichen deuten darauf hin –, wäre dies auch ein unfehlbarer Indikator dafür, dass die **Nordsee wieder sauber** wird. Schon hat die Zahl überlebender Junghummer drastisch zugenommen. Ein paar Jahre noch, und es gibt wieder Hummer satt – wenn alles gut geht. Die Helgoländer Fischer, die sonst wenig mit der Wissenschaft am Hut haben, arbeiten deshalb mit der BAH Hand in Hand zusammen. Denn sie sind es natürlich, die bei diesem Experiment den meisten Rahm abschöpfen werden.

606he-rh Foto: rh

# Anhang

# Was bringt die Zukunft?

**Rauchfreie Strände**

Schon einmal in jüngerer Vergangenheit hatte sich die Insel, wie erwähnt, von der Schmäh, ein „Fuselfelsen" zu sein, befreien können, indem sie ihre Schwerpunkte von Schnaps auf freundlichere Attraktionen, namentlich das „Naturerlebnis", verlagerte. Mittelfristig dürfte allen Suchtprodukten das Abläuten ins Haus stehen. Noch toleriert die EU die abgabenfreie Oase, doch die Duldung wird nicht von Dauer sein. Keine geringere Institution als die UNO ist bemüht, den **Tabakkonsum** weltweit **einzudämmen,** und Stätten, die ihn per Niedrigpreis gezielt fördern, sind ihr ein Dorn im Auge. Rauchfreie Strände werden wohl als nächstes kommen. Einen kleinen, eher niedlichen Beginn hat man auf Föhr gemacht, wo nur noch einige Strandabschnitte Rauchern vorbehalten sind.

## Wie gesund ist Rauchen?

Sehr. Jedenfalls für die Volkswirtschaft. Jedenfalls nach Darstellung des Tabakkonzerns Philip Morris, welcher der tschechischen Regierung in einer Studie vorrechnete, wie günstig Rauchen für die Staatsbilanz ist. Nicht nur werden kräftig Steuern kassiert und Arbeitsplätze geschaffen, sowohl in der Tabak- als auch in der Krankenindustrie. Weil Raucher früher sterben, fallen sie auch nicht dem staatlichen Gesundheitssystem und der Rentenkasse lange zur Last. Für das kleine Tschechien springt dabei immerhin ein zweistelliger Millionenbetrag (Euro) raus. Man wagt sich kaum die Summen vorzustellen, die Deutschland so einsparen könnte. Die ganze leidige Diskussion um die Altersversorgung fiele flach – wenn nur alles fleißig mitmachen und niemand sich schnöde drücken würde!

Anderswo, zum Beispiel in Australien und Kalifornien, gibt es vielerorts bereits großflächige Rauchverbote an Stränden, nachdem man sich dort nicht nur über den Qualm, sondern vor allem über die allerorten herumliegenden Filterkippen geärgert hatte – auch auf Helgoland übrigens ein unübersehbarer Schandfleck, der das Naturerlebnis trübt. (Filterkippen bleiben mindestens drei Jahre lang intakt, bevor sie sich verkrümeln und dann immer noch unappetitliche Brösel abgeben.)

**Das Ende der Seebäderschiffe**

Andererseits wird eine weitaus hübschere Helgoländer Perspektive in ein paar Jahren ebenfalls verschwunden sein. Die schmucken Seebäderschiffe, auf denen gegenwärtig noch gut zwei Drittel der Inselbesucher anrücken, sind allesamt im Rentenalter und werden bald mal in den Ruhestand gehen. Den Anfang machte die „Seute Deern" der Reederei Cassen Eils mit 42 Jahren auf dem Buckel und heute permanent in Hamburg stationiert. Im Herbst 2004 schloss sich die altehrwürdige „Wilhelmshaven" der Vermottung an. Der Rest wird folgen. Weil dieser Schiffstyp schon seit langem nirgendwo auf der Welt mehr neu gebaut wird, ist Ersatz nicht in Sicht – es sei denn, ein Reeder greift aus Liebhaberei tief in die Tasche und gibt eine Sonderbestellung in Auftrag. Doch schon das vor kurzem vorgelegte Konzept eines halbwegs schaukelfesten so genannten Swath-Schiffs fand keine Liebhaber und blieb in der Schublade liegen. Die Inselfahrten dürften letztlich samt und sonders von den **Katamaranen** übernommen werden, auf denen derzeit etwa 30 Prozent der Helgoland-Fahrer Passage buchen. Das beinhaltet zumindest den Vorteil einer schnellen Reise, doch mit dem „romantischen" sommerlichen Ausbooten ist dann auch Schluss. Die Börteboote operieren gegenwärtig ohnehin mit Kilopaketen zähneknirschend gewährter Ausnahmegenehmigungen für den Sicherheitsbereich, aber das Problem erledigt sich dann von selbst.

**Wellness**

Dem Zug der Zeit folgend, wird das Thema „Wellness“ zunehmend groß geschrieben. Die Zeitschrift „Cosmopolitan“ hat Helgoland bereits sehr gütig als „größten Schönheitssalon der Welt“ gepriesen, aber es fehlt wohl immer noch an ein paar Trockenhauben. Deshalb bauen schon heute die besseren Hotels, sofern sie noch nicht über derartige Anlagen verfügen, ihre Strukturen entsprechend um. Zwar hat der Denkmalschutz dabei ein gewichtiges Wörtchen mitzureden, der kaum eine panoramische Veränderung duldet. Aber ganze Gesundheits-Landschaften entstehen in Kellern und im Innern von Gebäuden, wo es zulässig ist. Es sieht fast so aus, als käme das „Conversationshaus“ wieder – history repeats itself.

**Bauvorhaben**

Sogar das Panorama der Insel selbst könnte sich ändern. Der Bau- und Entwicklungstrieb des *Homo germanicus* ruht nie. Das Nord-Ost-Gelände (wo sich das Schwimmbad befindet) ist baulich noch längst nicht ausgereizt und wird wohl erhebliche Neubebauung über sich ergehen lassen müssen. Die Idee einer Ferienhauskolonie als Kapitalanlage auf der Düne wurde um die Jahrtausendwende eine Zeit lang erwogen, fand aber keine Befürworter und liegt bis auf ein fernes Weiteres auf Eis. Und mehr noch. Schubladenpläne existieren, die südliche Steilküste, die einst die Hafenanlagen überragte, aber zu einem Schutthaufen zerbombt wurde und dieserart ein „Mittelland“ entstehen ließ, wieder künstlich herzustellen. Das dafür eingesetzte Baumaterial – Beton – dürfte nicht jedermenschs Sache sein, die involvierte Lärm- und Dreckentfaltung ebenfalls nicht, und nicht zu knapp kosten würde das Projekt auch. Auf das Land Schleswig-Holstein, an dessen Tropf Helgoland hängt und das bei insularen Baumaßnahmen gewöhnlich in die Kasse greifen muss,

helgo_195 Foto: hgd

wird in diesem Fall kaum Verlass sein, denn dort ist weniger denn je zu holen. Da die neue Klippe jedoch hohl wäre und unten diverse Geschäftspromenaden aufnehmen könnte, hoffen die Planer, die Investition auffangbar zu halten.

„Drum mach nur einen Plan
und sei ein großes Licht,
dann machst du noch 'nen zweiten Plan;
geh'n tun sie beide nicht."

*Bertold Brecht,* „Dreigroschenoper"

**Anstieg des Meeresspiegels**

Perspektivische Veränderungen wird es auch durch den steigenden Meeresspiegel geben, der im Zeichen fortschreitender **Erderwärmung** alljährlich den einen oder anderen Millimeter zusetzt. Der Hauptinsel vermag diese Erhöhung nichts anzuhaben, der gewaltige Fels ist nach allem, was er schon durchgemacht hat, vor solchen Kapriolen der Natur auf lange Sicht gefeit. Doch die flache Düne ist extrem gefährdet. Sie war es immer schon, wie an den mächtigen Uferbefestigungen, namentlich den hässlichen Aufhäufungen von Tetrapoden, zu sehen ist. Unterläge ihr nicht ein solides Kalksteinfundament, wäre sie wahrscheinlich schon längst verschwunden. Der meiste Sand auf ihr ist ohnehin künstlich aufgespült; im Zuge des Projekts „Hummerschere" zu Nazizeiten wurde die Düne auf das Achtfache vergrößert! (In den 1960er Jahren wollte man sogar eine weitere künstliche Insel samt Überseehafen bauen. Aber daraus wurde, siehe *Brecht,* gottlob nichts). Seither ist das Inselchen recht stabil geblieben, nicht zuletzt wegen fester Ansiedlung diverser zäher Vegetation, die die Düne zu einem kleinen Naturparadies in Konkurrenz zur Hauptinsel macht. Ein paar Dekaden wird sie wohl noch halten. Aber wie's im Jahre 2100 dort aussehen könnte, daran mag man gar nicht denken. Andererseits – wem sollte das heute schon schlaflose Nächte bereiten?

# Ein Nachwort

Ich hoffe, geneigte Leserin, verehrter Leser, dass die amüsanten Rückgriffe in die Klamottenkiste der **Reiseliteratur des 19. Jahrhunderts,** die in diesem Buch wiederholt gemacht wurden, zu Ihrer Unterhaltung beigetragen haben. Interessant dürfte für manchen Betrachter der absichtliche Beibehalt der **alten Schreibweise** sein. Dabei fällt auf, dass viele jener Elemente, die im Zuge der Rechtschreibreform jetzt vor allem unter der Jugend als modern und fortschrittlich gelten, dort unübersehbar vertreten sind (ss statt ß, Dreifachkonsonant wie in Schifffahrt, manche Groß- und Kleinschreibungen, vieles mehr). Seit einigen Generationen hatten wir uns schon von dieser „altmodischen" Schreibe emanzipiert, da kamen ein paar Schlaumeier daher und führten sie wieder ein. War das wirklich nötig?

# Helgoland im Internet

**Erschlagende Vielfalt**

- Google führt unter „Helgoland" mehr als 3,3 Mio. Einträge auf. Das ist eher verwirrend als nützlich.
- Generelle Informationen über die Insel findet man unter www.helgoland.de.
- Tagesaktuelle Neuigkeiten und Programme auch bei www.nordseeforum.de und www.landundmeer.de.
- Bei Wikipedia ist Helgoland ebenfalls gut vertreten, aber stellenweise etwas korrekturbedürftig.

# Literaturhinweise


- *Bajohr, Frank:* **„Unser Hotel ist judenfrei".** Fischer Taschenbuch Verlag, Frankfurt a. M. 2003. Wissenschaftliche Aufarbeitung des sog. Bäder-Antisemitismus im 19. und 20. Jahrhundert.
- *Dahms, Victor:* **Kotzfibel.** Verlag Peter Guhl, Rohlbach/Pfalz 1996. Witziges kleines Kompendium zum Thema Seekrankheit.
- *Leudesdorff, René:* **Wir befreiten Helgoland.** Cobra Verlag, Husum 1987. Die „Wiedereinnahme" Helgolands durch zwei deutsche Studenten, aus erster Hand spannend geschildert.
- *Lüth, Erich:* **Helgoland.** Georg von Hatzfeld Verlag, München 1962. Kompakte, etwas romantisierte Zusammenfassung der Inselgeschichte und des Insellebens aus der Sicht der frühen sechziger Jahre des letzten Jahrhunderts.
- *Reinhardt, Karl:* **Von Hamburg nach Helgoland.** Broschek Verlag, Hamburg 1959. Nachdruck einer seltenen Erstausgabe aus dem Jahre 1856. Humorig geschrieben und interessant illustriert.
- *Spanuth, Jürgen:* **Die Atlanter.** Grabert-Verlag, Tübingen 1989. Über die Theorie eines „Atlantis bei Helgoland". Ein Haufen ungereimtes Zeug, mit reichlich brauner Soße serviert.
- *Wallmann, Eckhard* (Hrsg.): **Heinrich Heine auf Helgoland.** Verlag der ev. Kirchengemeinde, Helgoland 2002. Heines Erlebnisse auf der Insel. 48-Seiten-Büchlein, im Museum erhältlich.

sound trip®
Neu bei
REISE KNOW-HOW
REISE KNOW-HOW
ISBN 978-3-8317-5101-3
Australia
ISBN 978-3-8317-5106-8
Argentina
ISBN 978-3-8317-5109-9
China
ISBN 978-3-8317-5102-0
Finland
ISBN 978-3-8317-5108-2
Japan
ISBN 978-3-8317-5105-1
Cuba
ISBN 978-3-8317-5104-4
Switzerland
ISBN 978-3-8317-5103-7
The Balkans
ISBN 978-3-8317-5107-5
Northeast Brazil
ISBN 978-3-8317-5110-5
Northern Africa
ISBN 978-3-8317-5111-0
The Andes
ISBN 978-3-8317-5114-3
Iceland
ISBN 978-3-8317-5117-4
Ireland
ISBN 978-3-8317-5118-1
Scotland
ISBN 978-3-8317-5119-8
South Africa
ISBN 978-3-8317-5120-4
Turkey
Die Compilations der CD-Reihe sound))trip stellen die aktuelle, typische Musik eines Landes oder einer Region vor.
Jede CD 50–60 Min.,
22-seitiges Booklet.
Im Buchhandel erhältlich.
Unverbindl. Preisempf.: 15,90 € [D]
Kostenlose Hörprobe im Internet unter:
in cooperation with
((piranha))
www.reise-know-how.de

# Die Reiseführer auf einen Blick

**Reisehandbücher**
**Urlaubshandbücher**
**Reisesachbücher**
**Edition RKH, Praxis**

Algarve, Lissabon
Amrum
Amsterdam
Andalusien
Apulien
Auvergne, Cévennen

Barcelona
Berlin, exotisch
Berlin, Potsdam
Borkum
Bretagne
Budapest

City-Trips mit Billigfliegern, noch mehr
Cornwall
Costa Blanca
Costa Brava
Costa de la Luz
Costa del Sol
Costa Dorada
Côte d'Azur, Seealpen, Hochprovence

Dalmatien Nord
Dalmatien Süd
Dänemarks Nordseeküste
Disneyland Resort Paris
Dresden

Eifel
Elba
El Hierro
Elsass, Vogesen
EM 2008 Fußballstädte
England, der Süden
Erste Hilfe unterwegs
Estland
Europa BikeBuch

Fahrrad-Weltführer
Fehmarn
Föhr
Formentera
Friaul, Venetien
Fuerteventura

Gardasee, Trentino
Georgien
Golf von Neapel, Kampanien
Gomera
Gotland
Gran Canaria
Großbritannien

Hamburg
Helgoland
Hollands Nordseeinseln
Hollands Westküste

Ibiza, Formentera
Irland
Island, Faröer
Istanbul
Istrien

Juist

Kalabrien, Basilikata
Katalonien
Köln
Kopenhagen
Korfu, Ionische Inseln
Korsika
Krakau, Tschenstochow
Kreta
Krim, Lemberg, Kiew
Kroatien

Landgang an der Ostsee
Langeoog
La Palma
Lanzarote
Latium mit Rom
Leipzig
Ligurien, Cinque Terre
Litauen
London

Madeira
Madrid
Mallorca
Mallorca, Leben/Arbeiten
Mallorca, Wandern
Malta, Gozo, Comino
Mecklenb./Brandenb.: Wasserwandern
Menorca
Montenegro
Moskau
Motorradreisen
München

Norderney
Nordseeinseln, Dt.
Nordseeküste Niedersachsens
Nordseeküste Schleswig-Holstein
Nordspanien, Jakobsweg
Nordzypern
Normandie
Norwegen

Ostseeküste Mecklenburg-Vorp.
Ostseeküste Kreuzfahrthäfen

Europa

# REISE KNOW-HOW

Europa

Ostseeküste
  Schleswig-Holstein
Outdoor-Praxis

**P**aris
Piemont, Aostatal
Polen Ostseeküste
Polens Norden
Polens Süden
Provence
Provence, Templer
Pyrenäen

**R**hodos
Rom
Rügen, Hiddensee
Ruhrgebiet
Rumänien, Rep. Moldau

**S**ächsische Schweiz
Salzburg, Salzkammergut
Sardinien
Schottland
Schwarzwald, südl.
Schweden, Astrid Lindgrens
Schweiz, Liechtenstein
Sizilien, Liparische Inseln
Skandinavien, der Norden
Slowakei
Slowenien, Triest
Spaniens Mittelmeerküste
Spiekeroog
Stockholm, Mälarsee
St. Petersburg
St. Tropez und Umgebung
Südnorwegen
Südwestfrankreich
Sylt

**T**eneriffa
Tessin, Lago Maggiore
Thüringer Wald
Toscana
Tschechien
Türkei, Hotelführer
Türkei, Mittelmeerküste

**U**kraine, der Westen
Umbrien
Usedom

**V**enedig

**W**ales
Wangerooge
Warschau
Wien

**Z**ypern, der Norden
Zypern, der Süden

## Wohnmobil-Tourguides

Dänemark
Kroatien
Provence
Sardinien
Sizilien
Südnorwegen
Südschweden

## Edition RKH

Durchgedreht –
  Sieben Jahre im Sattel
Eine Finca auf Mallorca
Geschichten aus dem
  anderen Mallorca
Mallorca für Leib u. Seele
Rad ab!

## Praxis

Aktiv Algarve
Aktiv Andalusien
Aktiv Dalmatien
Aktiv frz. Atlantikküste
Aktiv Gardasee
Aktiv Gran Canaria
Aktiv Istrien
Aktiv Katalonien
Aktiv Polen
Aktiv Slowenien
All inclusive?
Bordbuch Südeuropa
Canyoning
Clever buchen,
  besser fliegen
Clever kuren
Clever reisen Wohnmobil
Drogen in Reiseländern
Expeditionsmobil
Feste Europas
Fiestas Spanien
Fliegen ohne Angst
Frau allein unterwegs
Fun u. Sport im Schnee
Geolog. Erscheinungen
Gesundheitsurlaub
  in Dtl. Heilthermen
GPS f. Auto, Motorrad
GPS Outdoor-Navigation
Handy global
Höhlen erkunden
Hund, Verreisen mit
Inline Skating
Inline-Skaten Bodensee
Internet für die Reise
Islam erleben
Kanu-Handbuch
Kartenlesen
Kommunikation unterw.
Kreuzfahrt-Handbuch

# Praxis, KulturSchock

Europa

Küstensegeln
Langzeitreisen
Marathon-Guide Deutschland
Mountainbiking
Mushing/ Hundeschlitten
Orientierung mit Kompass und GPS
Paragliding-Handbuch
Pferdetrekking
Radreisen
Reisefotografie
Reisefotografie digital
Reisekochbuch
Reiserecht
Respektvoll reisen
Schutz vor Gewalt und Kriminalität
Schwanger reisen
Selbstdiagnose unterwegs
Sicherheit in Bärengebieten
Sicherheit Meer
Sonne, Wind, Reisewetter
Spaniens Fiestas
Sprachen lernen
Survival-Handbuch Naturkatastrophen
Tauchen Kaltwasser
Tauchen Warmwasser
Transsib
Trekking-Handbuch
Unterkunft/Mietwagen
Volunteering
Vulkane besteigen
Wandern im Watt
Wann wohin reisen?
Wein-Reiseführer Deutschland
Wein-Reiseführer Italien
Wein-Reiseführer Toskana
Wildnis-Ausrüstung
Wildnis-Backpacking
Wildnis-Küche
Winterwandern
Wohnmobil-Ausrüstung
Wohnmobil-Reisen
Wohnwagen Handbuch
Wracktauchen
Zahnersatz, Reiseziel

## KulturSchock

Familienmanagement im Ausland
Finnland
Frankreich
Irland/Nordirland
Italien
Leben in fremden Kulturen
Polen
Rumänien
Russland
Schweiz
Spanien
Türkei
Ukraine
Ungarn

**Wo man unsere Reiseliteratur bekommt:**
**Jede Buchhandlung** Deutschlands, der Schweiz, Österreichs und der Benelux-Staaten kann unsere Bücher beziehen. Wer sie dort nicht findet, kann alle Bücher über unsere **Internet-Shops** bestellen. Auf den Homepages gibt es auch **Informationen** zu allen Titeln:

**www.reise-know-how.de**
**www.reisebuch.de**

Anhang

Anhang

# HILFE!

**Dieses Reisehandbuch** ist gespickt mit unzähligen Adressen, Preisen, Tipps und Infos. Nur vor Ort kann überprüft werden, was noch stimmt, was sich verändert hat, ob Preise gestiegen oder gefallen sind, ob ein Hotel, ein Restaurant immer noch empfehlenswert ist oder nicht mehr, ob ein Ziel noch oder jetzt erreichbar ist, ob es eine lohnende Alternative gibt usw.

Unsere Autoren sind zwar stetig unterwegs und versuchen, alle zwei Jahre eine komplette Aktualisierung zu erstellen, aber auf die Mithilfe von Reisenden können sie nicht verzichten.

**Darum: Schreiben Sie uns,** was sich geändert hat, was besser sein könnte, was gestrichen bzw. ergänzt werden soll. Nur so bleibt dieses Buch immer aktuell und zuverlässig. Wenn sich die Infos direkt auf das Buch beziehen, würde die Seitenangabe uns die Arbeit sehr erleichtern. Gut verwertbare Informationen belohnt der Verlag mit einem Sprechführer Ihrer Wahl aus der über 200 Bände umfassenden Reihe „Kauderwelsch" (siehe unten).

Bitte schreiben Sie an: REISE KNOW-HOW Verlag Peter Rump GmbH, Postfach 140666, D-33626 Bielefeld, E-mail: info@reise-know-how.de

***Danke!***

***Kauderwelsch-Sprechführer – sprechen und verstehen rund um den Globus***

Afrikaans • Albanisch • Amerikanisch - *American Slang, More American Slang,* Amerikanisch oder Britisch? • Amharisch • Arabisch - Hocharabisch, für Ägypten, Algerien, Golfstaaten, Irak, Jemen, Marokko, • Palästina & Syrien, Sudan, Tunesien • Armenisch • *Bairisch* • Balinesisch • Baskisch • Bengali • *Berlinerisch* • Brasilianisch • Bulgarisch • Burmesisch • Cebuano • Chinesisch - Hochchinesisch, kulinarisch • Dänisch • Deutsch - *Allemand, Almanca, Duits, German, Nemjetzkii, Tedesco* • *Elsässisch* • Englisch - *British Slang, Australian Slang, Canadian Slang, Neuseeland Slang,* für Australien, für Indien • Färöisch • Esperanto • Estnisch • Finnisch • Französisch - für Restaurant & Supermarkt, für den Senegal, für Tunesien, *Französisch Slang, Franko-Kanadisch* • Galicisch • Georgisch • Griechisch • Guarani • Gujarati • Hausa • Hebräisch • Hieroglyphisch • Hindi • Indonesisch • Irisch-Gälisch • Isländisch • Italienisch - *Italienisch Slang,* für Opernfans, kulinarisch • Japanisch • Javanisch • Jiddisch • Kantonesisch • Kasachisch • Katalanisch • Khmer • Kirgisisch • Kisuaheli • Kinyarwanda • *Kölsch* • Koreanisch • Kreol für Trinidad & Tobago • Kroatisch • Kurdisch • Laotisch • Lettisch • Lëtzebuergesch • Lingala • Litauisch • Madagassisch • Mazedonisch • Malaiisch • Mallorquinisch • Maltesisch • Mandinka • Marathi • Mongolisch • Nepali • Niederländisch - *Niederländisch Slang,* Flämisch • Norwegisch • Paschto • Patois • Persisch • Pidgin-English • *Plattdüütsch* • Polnisch • Portugiesisch • Punjabi • Quechua • *Ruhrdeutsch* • Rumänisch • Russisch • *Sächsisch* • *Schwäbisch* • Schwedisch • *Schwiizertüütsch* • *Scots* • Serbisch • Singhalesisch • Sizilianisch • Slowakisch • Slowenisch • Spanisch - *Spanisch Slang,* für Lateinamerika, für Argentinien, Chile, Costa Rica, Cuba, Dominikanische Republik, Ecuador, Guatemala, Honduras, Mexiko, Nicaragua, Panama, Peru, Venezuela, kulinarisch • Tadschikisch • Tagalog • Tamil • Tatarisch • Thai • Tibetisch • Tschechisch • Türkisch • Twi • Ukrainisch • Ungarisch • Urdu • Usbekisch • Vietnamesisch • Walisisch • Weißrussisch • *Wienerisch* • Wolof • Xhosa

# Register